Cuando
desciende la luz

Si tienes un club de lectura o quieres organizar uno, en nuestra web encontrarás guías de lectura de algunos de nuestros libros. www.maeva.es/guias-lectura

Charlotte Rørth

Cuando *desciende* la luz

Un viaje apasionante en busca de respuestas

Traducción:
Blanca Ortiz Ostalé

MAEVA | inspira

Título original:
JEG MØDTE JESUS - BEKENDELSER FRA EN MODVILLIGT TROENDE

Diseño de cubierta:
SANDRA DIOS

Fotografía de la autora:
LARS PAULI

Este libro ha recibido una ayuda de **DANISH ARTS FOUNDATION**

© CHARLOTTE RØRTH, 2015
  Publicado bajo el acuerdo con Informations Forlag, Copenhague, Dinamarca
© de la traducción: BLANCA ORTIZ OSTALÉ, 2017
© MAEVA EDICIONES, 2017
  Benito Castro, 6
  28028 MADRID
  emaeva@maeva.es
  www.maeva.es

ISBN: 978-84-16690-43-5
Depósito legal: M-2.557-2017

Maquetación: Gráficas 4, S.A.
Impresión y encuadernación: Huertas, S.A.
Impreso en España / Printed in Spain

*Toda mi gratitud para mi marido, Uffe Westerberg,
y nuestros hijos, Sixten, Niklas
y su hermano pequeño Frederik, a quien
perdimos en diciembre de 2014.
Este libro está dedicado a él.*

Índice

Prefacio 9

Escúchame 13

Este es mi sitio 17

Cuando desciende la luz 23

Había un hombre 27

Es tiempo de hablar de fe 39

El gozo del asombro 53

El despertar del cuerpo 59

Van a tomarme por loca 77

Enferma de amor 99

¿Quién era ese hombre? 111

Espacios cargados de energía 133

Bendito conocimiento 147

De la cruz y Kierkegaard 157

No estoy sola 163

Noche larga y oscura 181

El segundo encuentro 195

No hay camino 207
En el lago de Genesaret 221
Bibliografía 231
Nota de la traductora 237

Prefacio

Como este, hay un libro entre un millón. Por espacio de varios años he tenido ocasión de presenciar su génesis entre bambalinas y puedo asegurar que ha sido un proceso hermoso y exigente. Y es que un parto semejante exige atención y cercanía. La duda, la humildad, la convicción, la determinación, la fe y la seriedad son ingredientes naturales en la obra de un autor comprometido, y la peripecia vital que encontramos en estas páginas no podría ser más particular.

Charlotte Rørth nos invita a conocer sus experiencias y a acompañarla en su viaje a través de un período para ella repleto de acontecimientos, en parte inesperados, que ha sabido plasmar muy bien en el libro y que vuelven a cobrar vida gracias al encuentro entre la autora y el lector.

Es muy fácil rechazar lo diferente: lo místico, lo religioso o lo espiritual, la creencia o la experiencia de una visión no lineal del tiempo; rechazar la fe, en términos generales.

Rechazar incluso la ciencia cuando nos ofrece hipótesis y resultados poco convencionales. La vida está llena de diversidad.

Este libro trata del espíritu, del alma y de la mente, de la vida y de la muerte, de Dios, del individuo y de la comunidad. Charlotte Rørth ha querido apartarse de clasificaciones y sistemas rígidos, de categorías marcadas por los prejuicios, e invitar al lector a seguirla en un viaje que abre las puertas a ideas y conceptos novedosos, a experiencias y acontecimientos diferentes, dejando al tiempo en su mano la reflexión y la decisión.

No quiero dejar de expresar mi alegría por haber podido asistir al nacimiento de un libro que después he leído con gran interés. Espero que otras muchas personas lo lean con la misma seriedad, compromiso e intensidad con los que está escrito.

Steen Hildebrandt,
Profesor universitario y doctor
Frederiksberg, diciembre de 2014

«Tras de un amoroso lance
y no de esperanza falto
volé tan alto, tan alto,
que le di a la caza alcance.»

Juan de la Cruz

Escúchame

Todo comienza la tarde del miércoles 28 de noviembre de 2008 en las fiestas de la ciudad de Baeza.

En la plazoleta en cuesta donde la calle del Rojo pasa a llamarse calle Doctor Ojeda, hermosas mujeres andaluzas pregonan sus almendras garrapiñadas y otras muchas delicias. Un pequeño tiovivo da vueltas y más vueltas. Los niños ríen en la oscuridad. Sus caritas van adquiriendo todos los colores a la luz de la feria. Rojo, verde, amarillo, azul. Los hombres, acodados en barricas, acompañan sus cervezas con aceitunas y hacen grandes aspavientos con los que arreglan el mundo. El aire está cuajado de banderolas y de notas del hilo musical, porque pasado mañana es el día de San Andrés, santo patrono de la ciudad, que también ha dado nombre a la iglesia en la que estamos entrando.

En el templo abarrotado, con sus blanquísimas bóvedas y un altar mayor donde resplandecen las esculturas doradas y María con Jesús en brazos, acaba de terminar la misa en honor del santo. Los fieles se levantan de los bancos de madera y la emprenden a saludos con vecinos, primos y hermanos. De repente, una mujer regordeta vestida de negro que lleva zapatos bajos y un pañuelo en una mano empieza a apartar a la gente hacia los lados hasta quedar frente a mí. Es tan baja –menos de un metro y medio– que tiene que levantar la vista para mirarme mientras respira afanosa y sonoramente.

–Eres una elegida –asegura sin aliento al tiempo que tira de mis manos hasta estrecharlas con fuerza contra su pecho.

Convencida de que me confunde con otra persona, intento soltarme educadamente, pero ella me agarra por las muñecas con fuerza y me mira con determinación, como si me reconociera. Asiente.

–¿Cómo te llamas?, ¿de dónde vienes, ¿qué haces?

Al oír la palabra *periodista,* dice «Bien, bien», y coloca sus manos alrededor de las mías.

–Por eso te han elegido, entonces. Vas a tener que contar la historia más importante de tu vida, así que *escúchame* –continúa; su pañuelo se calienta entre nuestras manos–. Va a llegar el fin del mundo y solo aquellos que crean se salvarán. Y tú tienes que contárselo a todos.

Respira.

Por espacio de unos segundos solo hay silencio entre ella y yo; yo, que he venido hasta aquí por trabajo. Invitada, como otras veces, por la Oficina Española de Turismo, que organiza viajes con conferencias y excursiones guiadas para periodistas y fotógrafos que, de ese modo, podemos publicar en nuestros países de origen artículos sobre lugares y monumentos españoles poco conocidos fuera de España. Este itinerario por Jaén, Úbeda y Baeza, entre sierras andaluzas, para acercarnos a su aceite de oliva y su cultura, ha tenido un arranque algo movido. A causa de una baja por enfermedad de última hora, buscaban a alguien que hablase español, un idioma en el que me defiendo por haberlo estudiado en el instituto y porque me siento indefiniblemente cómoda en este país que ya he recorrido varias veces desde mi primer Interrail por él en pantalones cortos. La Oficina de Turismo me llamó el lunes y el viaje comenzó el miércoles. Mi trabajo y mi familia dieron el sí y aquí estoy, con las manos de una desconocida alrededor de las mías y sin sospechar siquiera que estoy a punto de entrar en un período de mi vida que puede llevarme a perder la razón, el marido, el trabajo, los amigos y... a mí misma.

Este es el día del comienzo de lo que no termina, del asunto de este libro.

«No tenemos derecho a juzgar
lo que no somos capaces de entender.»

Jesús Leiros

Este es mi sitio

Igual me está dando una embolia, me digo un día después de la visita a la iglesia de Baeza. Estoy en una localidad vecina, Úbeda, paralizada cual estatua de sal en una sacristía junto a una capilla de cinco siglos de antigüedad, la Sacra Capilla de El Salvador.

Hace un cuarto de hora, el grupo de periodistas al completo ha entrado en El Salvador y ha estado bajo la cúpula escuchando la larga disertación de Andrea Pezzini, el guía, acerca de esta capilla, una de las más bellas del mundo, erigida por y para el caballero Francisco de los Cobos y Molina y su esposa. Ambos están enterrados en la cripta, justo bajo la cúpula, ante un descomunal altar casi obscenamente decorado con estatuas de madera talladas y doradas, coronas de flores con brillos y colores, pámpanos y ribetes, ángeles, columnas y cortinajes, una pomposa profusión de estilo barroco. Andrea ha gesticulado, nos ha explicado y después nos ha conducido hasta la sacristía de la izquierda, con su fría decoración clerical y su blancura casi resplandeciente. El sitio donde ahora estoy.

Una vez dentro, él ha seguido con las explicaciones. Y aún sigue, pero su voz me resulta cada vez más lejana, ¿o seré yo la que se aleja? Tengo algodón en los oídos, imanes en los pies, todo está vacío, no pienso en nada, no sé nada. ¿Es posible estar así?

Sí.

Es la segunda vez que me ocurre algo especial. Ayer me abordó una mujer que me llamó «elegida». Hoy me encuentro aquí plantada como un ser sin voluntad, físicamente clavada a este suelo sucio. Debería tener miedo, pero no lo tengo; aunque no puedo moverme.

Cuando me he despertado esta mañana, era una criatura normal, un ser pensante con su título de bachiller, su carrera de periodismo y una fe ciega, como la de tantos daneses, en el sentido común. Nacida en 1962, criada, educada y formada en un entorno ateo, aunque académicamente respetuoso. Era una periodista más, estaba bien y me encontraba de viaje; había borrado de mi mente la profecía de la víspera a propósito de eso de ser una elegida.

Llevaba manos a la obra desde las nueve, tenía mi bloc de notas y un bolígrafo, y estaba del mejor humor del mundo para trabajar, de manera que preguntaba y escribía con la mente puesta en los lectores. Por las puertas de la fábrica de aceite de oliva Castillo de Canena pasaban camiones rojos que traían la última cosecha del año desde esos olivares infinitos, plantados por varias generaciones, cuyas hileras perfilan una cuadrícula en todos los montes y en todos los valles de la comarca. El aceite dorado circulaba por tubos transparentes hasta caer en tanques de acero, las botellas tintineaban y eran etiquetadas, el aire estaba preñado del olor de una tierra milenaria. El aceite es el medio de vida de esta comarca desde hace miles de años y la historia pervive en este gélido laboratorio de Úbeda, donde el saber científico ha incluido los sentidos en la fórmula y el oro líquido se cata, como el vino, en pequeños vasos azules. Un catador profesional del servicio de etiquetado de calidad de las cooperativas ha llegado con una hoja llena de preguntas relativas al sabor. ¿Era amargo? ¿Dulce? ¿Sabía a madera? ¿A flores?

Esta mañana la vida era muy concreta y cualquier cosa menos rara, pero ahora los demás han salido de la capilla y yo estoy en la sacristía con las piernas de plomo, incapaz de moverme, aunque en un estado de placidez tan agradable que lo supera todo, curiosidad incluida. Andrea regresa, se detiene y me observa.

—No me puedo mover —le digo.

—¿Por qué tienes esa especie de luz alrededor? —pregunta él.

Nos miramos en silencio unos segundos.

—¿Por qué tienes esa especie de luz alrededor? —repite.

—¿Por qué no puedo moverme? —insisto yo.

—A ti te ha pasado algo —dice; me agarra con fuerza por los hombros y me saca a la calle.

—Puedo andar —replico como una boba.

—No vayas a pensar que soy de los que creen —suelta de pronto.

Luego prosigue, a tientas y con timidez, y es un momento tan íntimo que los dos nos sonrojamos:

—Yo no sé de estas cosas, pero el caso es que tienes luz.

Yo le miro y luego vuelvo a ensimismarme, y él aparta la vista azarado.

En los años que vendrán será testigo de más. En mí y en sí mismo. Aquellos días de noviembre de 2008 en Úbeda y Baeza dio comienzo lo que hoy se ha convertido en el centro de mi vida; en el centro de este libro. Es un conjunto de conocimientos, experiencias y reflexiones que he reunido y puesto por escrito porque durante el proceso me habría gustado mucho leer algo donde otros explicasen la tremenda convulsión que sacudió mi vida totalmente por sorpresa.

«Pero sé que en algún lugar de mi Alma
antes me lo he encontrado.»

Emily Dickinson

Cuando desciende la luz

Hace una semana que volví de España y que estoy en casa.

En casa, en mi casona de campo blanca entre los labrantíos de Himmerland, en la linde del bosque Rold Skov, el mayor de Dinamarca, según algunos; un sitio donde sentirse seguro y a salvo. También este día cualquiera de diciembre al filo de las siete y media. Es una mañana de invierno oscura, cruda y fría como tantas otras; la correa de la perra está ya fuera de su percha y la cremallera del abrigo subida hasta arriba, de modo que *Linnea,* la golden retriever de la familia, y yo podemos salir a dar nuestro paseo matinal. Vamos por el camino de siempre. La pálida aguililla que vive junto al claro donde comienza el bosque grita y surca las alturas sobre nuestras cabezas. *Linnea* ni siquiera reacciona; ya son viejas conocidas. Olisquea, se adelanta correteando, va y viene por el sembrado.

Estamos completamente solas cuando la luz cae de lo alto.

23

El rayo amarillo, grueso y opulento, se precipita desde el cielo, me alcanza con suavidad, pero con insistencia, justo encima de las cejas, se abre camino a través de mi hueso frontal y mi concepción del mundo y empuja todo eso que solo unos pocos comprenden sin dejarme vía de escape, porque me está taladrando la frente, aquí, a dos pasos de mi casa.

No es doloroso; cuando el haz de luz me da de lleno, se me calienta la piel y mi cabeza se echa hacia atrás. La corriente amarilla me recorre la columna vertebral y vuelve a salirme por el hueso sacro, dejando una estela luminosa en mi interior. El vértigo me echa hacia atrás, tengo una ausencia, me tambaleo y despierto arrodillada sobre la tierra fría y húmeda. *Linnea* gruñe y me mete el hocico por debajo del brazo, me da empujones como si dijera «¡Vamos, arriba!».

Me pongo en pie. Estoy abrumada y alegre al mismo tiempo, y me siento plena de una profunda felicidad. Volvemos a casa. *Linnea* sube de un salto a su cesto y se entretiene con sus tres galletas. Yo voy al granero y pongo en marcha el coche.

¿Cómo saber qué es si no lo sé? ¿Cómo saber que esa luz es Dios si nadie sabe si existe un Dios?

Mi vida y mi trabajo se basan en el conocimiento. Aquí todo consiste en hacer preguntas, buscar pruebas, obtener respuestas, aprender más con el tiempo; sin embargo, ahora, de pronto, sé algo que no sabía hace media hora y que no puedo demostrar. En el coche, de camino hacia el trabajo, repaso esos segundos junto a la linde del bosque. Parece cosa de uno de esos predicadores embusteros que salen en la tele americana, pero, si no me creo mis propias experiencias, ¿cómo voy a confiar en otros como hago cada día en el trabajo cuando entrevisto a la gente y confío en lo que dicen?

Poco después sucede algo más.

Mis noches empiezan a verse interrumpidas por un sueño en el que una voz grave llama desde el otro lado de una pesada puerta de roble oscuro. La puerta de la capilla de Úbeda. En el sueño, la puerta está cerrada cuando no debería estarlo. Es de día, y a esas horas la puerta siempre está abierta; en el sueño lo sé. El sol brilla pálido y tímido, debe de ser de mañana y casi primavera. Una brisa suave agita las hojas quebradizas del plátano que se alza a la derecha de la puerta. La gente pasa charlando de sus cosas cotidianas. No parecen reparar en la puerta cerrada ni tampoco en la voz que llama desde dentro. Es una voz de hombre que al principio suena amable y educada, pero que poco a poco se va volviendo cada vez más apremiante. Al final, es tan perentoria y tan brusca que me despierto. Yo sé dónde está esa puerta. Lo que todavía ignoro es cómo cambiará mi vida la decisión de abrirla.

«Quando tú me miravas,
su gracia en mí tus ojos imprimían;
por esso me adamavas,
y en esso merecían
los míos adorarlo que en ti vían.»

Juan de la Cruz

Había un hombre

Es miércoles, 25 de febrero de 2009, pasado el mediodía, y estoy por segunda vez en Úbeda, frente a la puerta de la Sacra Capilla de El Salvador. Hace ya tres meses de mi última visita. La puerta, de casi quinientos años, está hecha de roble macizo. El tirador es de hierro fundido. Es la puerta que aparece en ese sueño que me asalta sin descanso, aunque ahora estamos en una época más temprana del año. En mi sueño, el plátano tenía ya algunos brotes. Ahora es pleno invierno y hace frío. Las ramas del árbol aún están desnudas.

El estrés acumulado en estos últimos tres meses está a punto de ganarme por la mano e impulsarme por inercia a zambullirme en mi apretado programa de trabajo: cinco días repletos de artículos sobre distintos destinos en las dos rutas aéreas recién creadas que, desde la Aalborg de mis lectores, llevan directamente a Málaga. Sin embargo, no estoy sola y no voy a escapar tan fácilmente. Conmigo está

Andrea Pezzini, el guía que lo vio todo, el hombre al que recurrí cuando los sueños fueron a más. Le escribí al volver a casa para disculparme por mi comportamiento y él me contestó diciendo que probablemente se había extralimitado.

Es un poco más joven que yo, algo corpulento, con un ribete de pelo oscuro alrededor de la cabeza y barba de tres días. Es de Castel Goffredo, un pueblecito del norte de Italia, y ha vivido en Londres, París y Sevilla. En 1994 se estableció aquí, en Úbeda, donde comparte su vida con Carmen y los cuatro hijos de ambos, y lleva su propia empresa de servicios turísticos y para periodistas, lo que incluye la gestión de las visitas a varias iglesias, monumentos y museos. Entre ellos, la Sacra Capilla de El Salvador. Sabe con certeza que no es creyente.

«Pero aquel día de noviembre tenías luz», se defendía en uno de los mensajes, cada vez más íntimos y más numerosos, que me envió a comienzos de año. «Aunque recibí una educación católica y mi madre va a misa todos los días, hace ya muchos, muchos años que me aparté de la religión. Sin embargo, cuando te vi con aquella luz..., no sabría explicártelo. Llevo catorce años entrando a diario en esa sacristía y jamás había tenido una experiencia religiosa en ese lugar. Hasta que te vi allí, envuelta en luz», escribió. Y cuando le pregunté si quería estar a mi lado en el momento de abrir la puerta de mi sueño, contestó que sí.

«Me da miedo. Me asusta no volver a ser la misma después. No tengo por costumbre soñar con hombres que me llaman desde iglesias», contesté en un intento de salir airosa a base de marcar distancias por medio del humor.

No mordió el anzuelo entonces.

Y sigue sin morderlo hoy.

—Siéntate aquí —dice, y me deja en el sólido banco de madera que ocupa el centro de la profunda y altísima sacristía. Estoy sola. Completamente sola.

Todo sigue igual.

Hasta el zumbido temblón de los pequeños fluorescentes que iluminan las tres bóvedas del techo es el mismo, igual que el olor casi empalagoso a la colonia, la loción de afeitar, el detergente y la vida de miles de visitantes. Las paredes son de arenisca blanqueada y las colosales gavetas de madera oscura que custodian todos los documentos de los sacerdotes llenan casi por completo los nichos que se abren en ambos laterales. Cinco siglos de trabajo dispuestos con orden. Entre los tres nichos de cada lado, y en todos los ángulos, hay bustos y esculturas de cuerpo entero, ocho en total: cuatro hombres y cuatro mujeres. Me observan. Hércules y Hebe, el valor viril con melena de león y el amor en forma de mujer exuberante. La presencia de símbolos paganos se debe a que Francisco de los Cobos y Molina, bajo cuyo patrocinio se levantó la capilla, aceptaba otras religiones como parte de la historia. En los años inmediatamente anteriores y posteriores a 1550, él y sus contemporáneos hicieron gala de un espíritu abierto, una curiosidad y un reconocimiento de otras culturas que los llevó a honrar todo lo griego, incluido el pensamiento.

Aquí dentro, las ideas renacentistas han quedado plasmadas de un modo casi provocativo para ser un templo católico. Hay una continuidad entre pasado y futuro, y se ven ángeles en el techo y a Jesús en una cruz sencilla en la pared del fondo, recubierta de portezuelas y cajones de madera, con un anaquel a modo de altar y rematada por una modesta ventanita orientada hacia el este.

El banco es tan añoso que casi resulta blando. El tiempo lo ha marcado con líneas claras, siento el desgaste del brazo bajo la muñeca. Es un banco muy alto; solamente llego al suelo con las puntas de los pies, que apenas rozan unas enormes baldosas cuadradas dispuestas en diagonal, como un ajedrez girado. La arenisca clara y blanda se ha erosionado por capas, y en algunos puntos aparece más gastada que el duro granito oscuro.

Cierro los ojos. Y me encuentro con un hombre.

No lo había visto antes, pero cuando, en forma de holograma, avanza hasta situarse ante mí en toda su estatura, algo a mi derecha y a escaso metro y medio de distancia, lo reconozco. El holograma parece recién salido de una de esas películas de ciencia ficción que no suelo ver, me digo aferrándome a la referencia cinematográfica para apartar de mí la imagen, pura fantasía.

Pero continúa inmóvil delante de mí.

Está en esta sacristía, al otro lado de mis párpados cerrados, contenido en una cúpula con su paisaje y su cielo. La escena es tridimensional y de tamaño natural. Se encuentra en un camino de tierra y, al mismo tiempo, puedo ver el ajedrezado bajo sus pies. No es transparente, es real; tan real como los turistas que han entrado y hablan detrás de mí. Donde está hace mucho calor, es mediodía, y su cuerpo proyecta una sombra corta; el sol es blanco; el cielo, azul celeste y está nublado. Camina por una ladera reseca coronada por una aldea y a su derecha hay un valle con árboles dispuestos en hileras.

No me atrevo a mirarlo a la cara. Quiero esperar. Permanezco cabizbaja y lo primero que veo son las sandalias raídas de correas finas que lleva atadas a los tobillos.

Son idénticas a las mías. Lo absurdo de la coincidencia me alivia un poco. Entre dedo y dedo le descubro algunos restos de tierra rojiza, no amarillenta como la del camino. Curioso, pienso, y me agrada lo familiar que resulta que el vello que le crece por encima de los pies y por las piernas tostadas sea casi blanco, como el que cubre las piernas de mis hijos en verano. La túnica le llega hasta las rodillas. Es de un azul muy suave, ni claro ni oscuro, y la lleva recogida sobre el hombro izquierdo, donde el sol la ha desteñido formando líneas más claras.

Lleva una melena suelta a la altura de los hombros, rojiza y levemente ondulada, y una barba casi del mismo color, aunque algo más clara y no muy cerrada, que le llega hasta la nuez. Tiene buen porte, es delgado, con algunas arruguitas por el cuello, la espalda erguida y unos músculos largos en los brazos. Sus manos son finas y fibrosas, y están limpias, secas y surcadas de venas marcadas por el dorso. Con la derecha se coloca bien la túnica y la ajusta por el hombro mientras con la izquierda se sujeta la tela contra la cadera. Tendrá en torno a treinta años, algo más, tal vez, y así, solo en mitad del camino, parece muy alto. El sendero serpentea desde la aldea de la cima por una ladera no demasiado empinada. Desde donde estoy, se distinguen las ventanas cubiertas con lienzos que se abren en las casas bajas de tejado casi plano.

Por el camino se acercan cinco hombres vestidos con túnicas. Van conversando. Tras ellos, bajan otras dos personas, y más arriba, cerca ya de las casas, hay más figuras. Algunas parecen mujeres con cántaros de agua. También hay niños en lo más alto. Y ovejas. ¿O serán cabras? Los cinco individuos más próximos parecen contentos. Hacen muchos aspavientos, como si estuvieran absortos en algo que acaba de sucederles. No llevan nada consigo, pero dan la impresión de estar en camino hacia algún otro lugar.

A la izquierda diviso el valle. Los árboles están algo separados unos de otros y se disponen en hileras regulares junto al camino, a los pies de la pendiente. Parecen limoneros. Es posible que también haya algún olivo, aunque no acaban de parecerse a los que crecen aquí, en las inmediaciones de Úbeda. Los campos que se extienden a los pies de los árboles están casi pelados. Tan solo se ven unas matas raquíticas de flores amarillas y, a la vera del sendero, otras de hierba agostada que se mecen al viento, el mismo viento que agita levemente sus cabellos. ¿Será Israel? Jamás he estado allí, jamás he visto su paisaje, pero sí, parece Israel.

Se ha detenido a aguardarme. Noto cómo me observa, pero espero antes de decidirme a mirarlo a los ojos. Poco a poco voy contemplando su rostro. Es de una belleza clásica, como el de los dioses griegos, y su cabello rojizo es una armoniosa prolongación del color tostado de su piel. Cuando al fin me atrevo a sostenerle la mirada, me pierdo en sus ojos, verdes y grises con pinceladas de azul; cálidos y llenos de cordialidad. Me producen la misma sensación que aquella mañana en el bosque, la mañana del rayo. Es algo de mayor intensidad que enamorarse. Algo parecido a lo que sentí al cruzar la primera mirada con mis hijos recién nacidos. Más aún. Cuando termino de contemplarle, empieza a hablar.

—Bienvenida, me alegro de verte.

Lo dice sin que yo lo entienda, aunque mi subconsciente lo comprende de inmediato. Sabe quién soy. Me conoce muy bien, conoce cada segundo de mi vida, ve a través de todas las cosas, y le gusto a pesar de todo, a pesar de mis mentiras, grandes y pequeñas, de mi acritud y mi mezquindad. Me ha visto regañar a mis hijos, me ha oído decir cosas que yo misma he olvidado, un sinfín de escenas se reproducen entre los dos como una película en marcha que ambos reconocemos y hace innecesarias mis explicaciones; lo ha visto todo. No tengo dudas. Todas se han borrado, los sentimientos las han arrastrado. Mis defensas mentales están erosionadas. Me doy cuenta de que esa razón que basaba en mi intelecto se ha esfumado y ha dado paso a un conocimiento mucho más poderoso.

La cadencia de la lengua que habla me recuerda vagamente a la del español, pero, aunque intento entenderle, no reconozco las palabras. Creo que es arameo. No alza mucho la voz, es más bien como si nos encontrásemos frente a frente. Estamos en la sacristía. Los dos.

Observarme a mí misma como si me viera a través de unos prismáticos me hace sentir más segura. Mi rebeca amarilla comprada en el Banana Republic de Newbury Street, en Boston, y los pantalones negros de Ivan Grundahl, que me rozan un poco por los muslos; el bolso rosa de charol que está encima del banco, el día a día de casa, el collar de perlas de mi bisabuela alrededor del cuello, la alianza, el anillo de plata de tres piezas de mi madre y mis hermanas. Oigo también a los otros turistas. Son italianos.

Él, convencido de que le escucho y le entiendo, me habla en voz baja, como si le bastara la certeza de que sé que está ahí. No exige nada, no pregunta nada, solo habla. Las lágrimas me corren por las mejillas y me bajan por el cuello, por dentro de la blusa. Mi cuerpo las percibe, pero no tengo energías para enjugarlas. Van a verme llorar, pero ¿qué importa?

Andrea entra y apoya una mano en mi hombro derecho.

—¿Estás bien?

Asiento. Me da un apretón cariñoso y luego aparta la mano y sale de la sacristía. En ese instante despierta mi instinto de reportera. Tengo que preguntarle a este hombre qué es lo que dice. No puedo permitir que se vaya así, sin más. Tengo que volver. Encontrarlo. Segura de que he desperdiciado una oportunidad de oro, cierro los ojos, pero no; sigue ahí, y hasta creo percibir un destello en su mirada, como si me dijera: «Con esto no contabas, ¿eh?».

—No entiendo lo que dices —le transmito con el pensamiento.

—No importa que no lo entiendas. No importa.

Siento un alivio inmenso. Lo importante era el encuentro en sí.

Su mirada me recorre todo el cuerpo. Desde la nuca, me baja por los hombros, la tripa, el vientre, las piernas, los pies. Es un hombre viril, masculino, seductor e irresistible, de un carisma que va mucho más allá de lo meramente erótico, que me llega más adentro de lo que ningún otro me ha llegado jamás. Su sonrisa no es la de un hombre a una mujer en plena negociación amorosa para darse orgasmos, o hijos, es una sonrisa que me hace sentir amada con un amor diferente a todo lo que conozco. Es bondad. Es una confirmación simple y directa de que mi presencia es buena.

Si es capaz de verlo todo de mí y aun así quererme, lo menos que puedo hacer es confiar en su juicio. No es algo que esté pensando, lo siento. Las palabras que podría usar para describírmelo a mí misma se quedan tan cortas o son de una altisonancia tan patética que me conformo con atesorar bien este sentimiento antes de separarnos como si nos conociéramos desde siempre y para siempre. Inclina la cabeza, vuelve a sonreír y desaparece. Su marcha no me entristece.

No me va a creer nadie, lo sé, pero sé también que lo he visto. ¿Cómo transmitir a otros algo que ni siquiera puede contarse con palabras? No tengo energías para seguir pensando. Me tiemblan las rodillas, debo de llevar el rímel corrido, porque me escuecen los ojos; además, tengo mocos, el cuello de mi blusa está empapado y sin forma. Sin detenerme a pensarlo digo «Gracias», la palabra se me escapa de entre los labios. Cuando me levanto y salgo de la sacristía, Andrea viene a mi encuentro. Con aire desconcertado e inseguro, empieza a disertar sobre el monumento como tiene por costumbre, aunque sin perderme de vista, mientras yo me limpio el rímel de las mejillas.

—Ya está, ya te lo has quitado.

—Había un hombre.

—Ven.

Salimos por la capilla y, a mitad de la nave, torcemos hacia la izquierda y abrimos la pesada portezuela que conduce a la taquilla. Todo es de lo más prosaico, actual, encaja conmigo, con mi tiempo, pero ¿y lo que acabo de ver? Ambas cosas entran y no entran en conflicto. Hay espacio para muchos tiempos. Hay un espacio infinito dentro de mí.

Tras salvar el enorme escalón y salir al sol, empiezo a describirlo. Se me traban las palabras. Debería cohibirme un poco hablar de algo tan improbable que clama al cielo, pero estoy tan contenta y tan segura que me atrevo a contárselo todo a Andrea, que ha sido testigo. Las palabras no me alcanzan. Mi inglés es bueno, mi danés mejor, mi español algo más pobre, pero, hable la lengua que hable, mi relato se ve mermado por las palabras.

Juntos callejeamos, a veces a la sombra, a veces al sol; desde la calle Baja del Salvador desembocamos en la plaza Vázquez de Molina, subimos hasta la plaza del Primero de Mayo, vamos por la Cuesta del Losal, seguimos la muralla, pasamos por delante del mercado, lleno de gente comprando, y atravesamos la plaza de Andalucía, colina arriba, por la calle del Obispo Cobos. Caminamos sin descanso entre otras muchas personas inmersas en uno cualquiera de sus días, mientras para nosotros es un momento más allá del tiempo y del espacio, la fe y el conocimiento. Era una historia que conocíamos perfectamente, aunque ni formábamos parte de ella ni ella formaba parte de nuestra realidad. Hasta hoy.

Ninguno de los dos lo llamamos por su nombre.

–Tienes luz. Más intensa que en noviembre, pero igual.

Todas las puertas que llevan a mi interior están abiertas de par en par. También la que se encuentra entre los omóplatos. Estoy indefensa como un elfo, cualquiera puede acercarse y pisotearme el corazón y llegarme a lo más hondo, nada puedo hacer para impedírselo. Si alguien me desea algún mal, puede destruirme; pero no me da miedo.

Soy frágil, pero el mundo no me quiere mal, estoy protegida.

En el frío Asador de Santiago, junto al hospital dedicado al mismo santo, obra —como la capilla y la sacristía— del arquitecto Andrés de Vandelvira (1509-1575), comemos en una mesa redonda con doble capa de manteles blancos. Tengo el cuerpo en tensión, se me mueven las piernas sin descanso. Los manteles se agitan. Qué situación tan absurda, no puedo contener la risa.

—Todo el mundo me está mirando.

—Sí, claro. Ya te he dicho que tienes luz —replica Andrea. No me hace muchas preguntas, solo me mira asombrado y sacude la cabeza de un lado a otro.

«I could go anywhere with you.»

The Hymnboy, Jonas H. Petersen

Es tiempo de hablar de fe

—¡Dios, ¿es que ahora te has vuelto religiosa?! —exclama mi madre cuando, de regreso hacia el norte de Jutlandia tras mi encuentro del miércoles con Jesús en España, hago escala en Copenhague.

Estamos en el primer piso, en su mirador con vistas al lago Sortedam, cada una con su taza de café, no hemos llegado siquiera a sentarnos y ya se lo he soltado todo. Cuando me dice eso, trato de contener las lágrimas. Me ha hecho daño; al darse cuenta baja la vista.

—Tenía vello en los dedos de los pies.

Mi madre me observa con curiosidad, me estudia. Ninguna de las dos hemos estado en Jerusalén o en Belén, pero aquí estoy, contándole cómo es Israel.

—Era muy guapo. Estaba moreno. Se le veía cómodo. Como si se sintiera a gusto y tuviese todo el tiempo del mundo. Esperó a que yo terminase de mirarlo antes de empezar a hablar.

—¿Es que te dijo algo? —me pregunta levantando ambas cejas por encima de la taza de café.

—Sí, en arameo, estoy segura. He estado buscando en internet mientras esperaba en el aeropuerto. Hay un pueblo en Siria, Malula, donde aún se habla el mismo dialecto occidental del arameo que debió de hablar Jesús. He encontrado en YouTube un vídeo de Al-Jazeera donde sale ese pueblo y la lengua que hablaban sonaba exactamente igual que la de él. Ha sido muy extraño estar oyéndolo ahí, en la puerta de embarque del aeropuerto de Málaga. No entendía nada, claro, pero a él sí lo entendí, aunque no lo entendiera. —Me enredo en mil intentos de explicar que en la sacristía comprendí perfectamente lo que Jesús quería de mí.

»Es como si lo más importante no fuese lo que decía exactamente, sino que yo supiera que se alegraba de verme allí —añado.

Yo misma me doy cuenta de lo insulso que suena todo lo que digo, teniendo en cuenta que estoy hablando de Jesús, y le pido disculpas a mi madre por la vaguedad de mis explicaciones.

—Era tan... normal estar allí con él... Si tuviera que expresar con palabras lo que sentía por dentro, sonaría como un salmo, como un poema solemne o una cosa de la Biblia, pero yo no uso ese lenguaje.

—¿Fue una visión? —me pregunta; y no tengo otro remedio que contestar que sí, aunque nada más lejos de la realidad.

Ninguna de las dos hemos recibido una educación conscientemente cristiana ni espiritual y, aun así, no tengo duda alguna de lo que he vivido. No soy capaz de explicar por qué no dudo, lo único que sé es que lo vi. Estuve allí con Jesús. No estaba bajo los efectos del alcohol ni de las drogas, no pasaba por un bache emocional, no me había dejado llevar. Era yo, nada más. Una danesa de cuarenta y seis años, madre de tres hijos, que, sí, están bautizados, igual que yo estoy casada con su padre, quien, sin embargo, ha dejado de formar parte de la Iglesia. Como protestante soy bastante perezosa, porque nunca me he parado a pensar en ello, no rezo por las noches ni al sentarme a la mesa, y tampoco cuestiono mi fe ni la de los demás. Nunca me he planteado con seriedad si Jesús vivió ni si Dios existe. Siempre he sido de las que piensan que tiene que haber sitio para todos, una actitud que me ha proporcionado una buena excusa para no meterme a fondo en mis creencias ni en las de los demás.

En mi familia no hay cristianos practicantes. Casi todos vamos a la iglesia por Navidad, por costumbre. Mis padres no nos educaron a mi hermana ni a mí –ni tampoco a los cinco hijos nacidos de sus respectivos matrimonios posteriores– para que tuviésemos una relación estrecha con la fe y con la Iglesia. Me han leído libros de la escritora sueca Astrid Lindgren, he hablado de política y he ido a manifestaciones, pero en mi clase solo hubo una confirmación y no fue la mía. La fe ha estado ausente de todos los entornos donde me he movido: el colegio público de Ølstykke –en el norte de Selandia– donde estudié mis primeros años, la escuela municipal en la acomodada Gentofte, el año en Estados Unidos, la exclusiva Bernadotteskolen reservada a la élite cultural de izquierdas, el instituto de la provinciana Thisted, al norte, y después el retorno a la clase alta del de Ordrup, la carrera de Periodismo en Aarhus, todos mis empleos. Nuestros padres se saben la letra de los himnos que se cantan en la iglesia, pero nosotros, hijos de los sesenta, ni siquiera nos aprendimos el padrenuestro, y los que fuimos educados en el marxismo nos guardamos nuestras dudas de fe adolescentes. La dialéctica siempre me acompaña como eje vertebrador y da pie a ese diálogo interior crítico que me impide encontrar argumentos que me lleven a confiar en algo ciegamente. De vez en cuando resulta agotador no poder dejarse llevar. Aunque, por otra parte, tal y como me han educado no puedo considerarlo una pérdida. Al contrario, siempre ha sido mi red de seguridad. A mí no se me engatusa tan fácilmente. Y menos en temas religiosos. De fe, en realidad, nunca hablo. Bueno, claro, a título de debate con un puñado de buenos amigos, y en las bodas y los bautizos, pero siempre desde una perspectiva social de carácter general, entendiéndola como un conjunto de normas de conducta que han dado forma a nuestra cultura dentro de un marco determinado. La fe nunca ha estado en el orden del día de mi vida en un sentido más hondo, más interior. La espiritualidad más etérea nunca me ha atraído.

Dios ha estado presente en mi vida como el indefinido portador de un ideal ante el que había que rendir cuentas para mantener la sana costumbre de no creernos dioses y señores de nuestra propia vida. No somos artífices de nuestra suerte, dependemos no solo de los demás, sino de la propia vida. En la vida ocurren cosas que hay que saber aceptar, no tenemos el control, pero tampoco existe un plan ya cerrado para cada uno de nosotros. Somos responsables de administrar nuestros recursos, nuestros talentos, como los llama ese libro que no he leído. Sabemos que nuestra cultura, nuestros valores y nuestras normas se basan en la Biblia, en el protestantismo, como sabemos de legislación, geografía, literatura y de todos los conocimientos generales de cualquier danés leído y con estudios.

He llenado mi vida enlazando un trabajo interesante con otro, siendo aplicada y capaz, ejerciendo de madre amantísima para mis hijos y estando cerca de mis seres queridos. Mi abuela. Mi familia. Ha habido tantas cosas con que colmar los minutos que, aunque la muerte me ha rondado varias veces –también el día que pude ver y oír cómo el alma de mi abuelo abandonaba su cuerpo con un último aliento profundo, pero también rendido–, jamás me he sentado a rebuscar en lo más hondo de mi fe. Ser cristiana no ha sido más que una ínfima parte de mi vida intelectual que me vino dada; una cristiana cultural en todos los aspectos, típica, sí, pero también curiosa, que ha dedicado estos últimos años a cubrir noticias sobre el tema desde un punto de vista analítico y no personal. ¿Y si mi visión tan solo fuera producto de los últimos artículos que he escrito sobre la fe?

En el avión que me trajo de vuelta a Dinamarca me esforzaba por explicarme a mí misma la visión diciéndome que tenía que haber tropezado con ella antes en algún sitio. Una película, una serie de televisión, un libro o en el curso de alguna de mis investigaciones. Mi memoria suele tener algunos flecos en lo que a números, nombres y datos se refiere, de modo que los anoto, mientras que ambientes y relaciones, momentos de mi vida, películas y libros no me cuesta recordarlos. Sentada junto a la ventanilla, iba buscando el origen de mi visión. ¿De dónde habría salido? ¿De mis visitas a librerías, de mis sesiones de cine, de mis viajes? No encontraba explicación. Jamás he visto nada ni remotamente parecido a los minutos que conversé con Jesús en Úbeda. Al mirar por la ventanilla traté de encontrar una relación entre el cielo y lo que me había ocurrido, pero era demasiado absurdo. Y mientras los motores rugían por encima de Europa, me di cuenta también de que lo más inconcebible de todo era que él me conociera.

Una cosa es ver a Jesús, pero que te conozca..., eso ya es demasiado. Él, que es hijo de ese Dios tan ajeno a mi vida y a mi familia, que ahora mi madre, mientras tomamos café, no acierta más que a usarlo a modo de exclamación:

—¡Dios, ¿es que ahora te has vuelto religiosa?!

—Supongo que sí —contesto sin levantar la vista, no por vergüenza, sino por timidez. Incluso a alguien tan locuaz como yo puede costarle admitir algo así. La fe es territorio ignoto, tabú, en mi vida y en la de muchos daneses.

—De esto no puede enterarse nadie, mamá.

—Claro, te lo prometo.

Mientras hablamos, parece como si las palabras intentasen traspasar esta vivencia de mi cuerpo y mis sentidos a mi cerebro, al interior del intelecto. Pero ¿es ese el lugar para mi visión? No se puede explicar ni demostrar. Es una percepción. No es un conocimiento adquirido a través de un proceso de aprendizaje, lectura atenta y concentrada y erudición. Y ha llegado sin previo aviso. Yo no soy poeta ni teóloga, no me dedico a la meditación ni tengo habilidad alguna que me capacite para inventarme o buscar este tipo de experiencias. Si puede ocurrirme a mí, puede ocurrirle a cualquiera. Es prácticamente imposible estar menos preparado que yo para este viaje.

—Pero lo increíble no es que sea yo la que ha visto a Jesús —digo de pronto.

Mi madre asegura que no lo entiende.

—Yo tampoco, pero tengo la sensación de que no es decisivo que fuese precisamente yo. No soy una elegida. No soy nada especial. Si me ha escogido a mí, ha sido precisamente porque soy alguien normal y corriente.

Una vez dicho, suena absurdo. Todos los que me rodean —y mi madre en particular— saben que soy tan vanidosa y egocéntrica como cualquier hijo de vecino. ¿Y a quién no le gustaría ser un elegido?

—No es solo eso. Es que ahora es como si de repente quisiera a todo el mundo, como si él hubiese sembrado en mí un amor hacia los demás tan inmenso que tengo de sobra para todos. Y por eso no tengo por qué preocuparme de si habrá bastante para mí. Él estaba allí, sin más, y me quería tanto que ahora yo también puedo querer a otros sin tener que sentirme especial por ello. El hecho de que me quiera, independientemente de todo, hace que yo también quiera a otras personas independientemente de cómo sean. Ay, mamá, ¿no lo entiendes? —suspiro.

Ella contesta que no está muy segura.

Conocer al hombre en sí me embarca en una aventura muy diferente, de más peso y más valor —tanto histórica y existencialmente como emocional e intelectualmente— que decir sí a vaciar la mente a base de *mindfulness* y después componer pedazo a pedazo la propia fe para creerse un auténtico ser desarrollado de pensamiento independiente que no se somete a las embrutecedoras normas del pasado. Al fin y al cabo, he estado con el hombre del cristianismo, el protagonista de la vida de miles de millones de personas de un sinfín de lugares durante cientos de años. Eso le confiere —más allá de la fe de cada uno— cierta validez, por decirlo de algún modo, pero aun así...

Cada vez que pongo mi mente en marcha, mi alivio se esfuma por el lago Sortedam. Porque me sedujo, ¿no? Yo ni pensaba ni decidía, me limité a tener una visión en una sacristía española. Es algo que dista tanto de la incipiente aceptación del interés espiritual por parte de los intelectuales que no puedo aceptarlo así como así. Reconozco que el presente puede manipular mi postura y que un mayor grado de apertura ante lo espiritual puede haberme abierto también la mente, pero habrá ciertos límites, ¿no?

—Es increíble —digo.

Y la propia palabra nos hace reír. Pero ¿creemos en las creencias? Y... ¿es eso lo que estoy haciendo, creer? No, yo no creo; yo sé. No creo que Jesús existe, lo sé, y el miedo, la alegría y el café frío me hacen sentir náuseas. Porque si soy capaz de plantarme aquí y asegurar que sé algo que para muchos no es más que un cuento chino, supongo que es porque no estoy del todo en mis cabales.

—Pero pasó, mamá. Pasó. Sin que yo lo pidiera —insisto.

Y mientras contemplo las copas de los castaños iluminadas por las farolas que flanquean el lago, mis huesos saben que estuve en aquel banco duro y mi cabeza sabe que mis ojos lo vieron igual que ahora estoy viendo el pequeño escritorio donde mi madre amontona mis artículos, coronados por uno sobre la reina Margarita.

—¡Es lo que dijo la reina! —exclamo al recordar de pronto la entrevista que le hice, la última de una serie sobre la fe de los daneses que escribí antes de mi primera visita a Úbeda y Baeza en noviembre.

La reina Margarita es la cabeza de la Iglesia del Pueblo Danés y, aunque al principio, según me explicó, no lo entendió como algo religioso, a la muerte del rey Federico IX el 14 de enero de 1972, sintió que «la envolvía» algo más grande que ella. Hasta ese momento su formación en ese aspecto había sido como la de la mayoría, casi como la mía.

–Yo iba a la iglesia como una buena chica, en realidad de buen grado, por Navidad y por Pascua. De vez en cuando les preguntaba a mis padres si no iba siendo hora de que volviera a acompañarlos al culto. Sí, sí, claro; y entonces iba con ellos y me sentaba allí sin... La verdad es que aquello no terminaba de decirme nada. No me sentía cómoda. Sin embargo, en los años posteriores a la muerte de mi padre sucedió algo.

Su majestad llevaba un traje sastre de color chocolate, una blusa de seda en un tono albaricoque y un jersey con el dibujo de un retozón perro salchicha el cálido día de otoño que ella, Grete Dahl –fotógrafa del periódico– y yo nos reunimos en la biblioteca del palacio de Amalienborg delante de sendas tazas de café. Aunque la experiencia de la pérdida de su padre no revistió para ella carácter intelectual, sino que fue «algo distinto y mucho más intenso», no se detuvo realmente «a analizarlo hasta que comprendió que su faceta intelectual también era sumamente interesante».

«Fe y conocimiento no son opuestos. El mundo es un don de Dios y podemos explorarlo de todos los modos imaginables. Lo que no se puede hacer es abordar la religión desde una óptica científica, porque entonces falta algo, se nos escapa algo», aseguraba la reina, que subrayó, además, que «si Dios está ahí no es porque lo miremos».

Guardo silencio, pero solo un instante, porque no es mucho el tiempo del que dispongo para estar en el mirador con mi madre y quiero hablar de todo esto antes de volar a Aalborg.

—Ahora entiendo qué quería decir la reina. Bueno, entenderlo no. Lo intuyo —digo en un intento de explicar la recién adquirida experiencia de no ser tonta por creer en lo que he vivido.

Yo misma se lo pregunté a su majestad, yo misma escribí las respuestas, pero hasta este momento no habían calado en mí. El hecho de que la reina sea creyente, pensadora, intelectual y respetada al mismo tiempo me consuela enormemente. Respaldada por sus palabras, dejo que ella verifique mi experiencia de una relación directa entre pensar y creer. Mi madre, que ha leído la entrevista, sigue pensando en voz alta.

—El filósofo Søren Kierkegaard nos enseñó a dudar. Y para dudar, antes hay que haber reconocido la fe —señala mi madre, que, como asistente social de una organización que ayuda a familias en apuros y ávida lectora de la obra de la filósofa Hannah Arendt, necesita echar mano de consideraciones existenciales para llegar hasta esta hija suya, desbordada por los sentimientos, deshecha, asustada y a la vez entregada a algo ante lo que no tenemos la menor idea de cómo conducirnos.

Precisamente ahí, en esa afirmación de la reina, está nuestro punto de encuentro. Pero tengo miedo. Mientras lo estaba viviendo no tenía elección, solo podía dejarme llevar y entregarme. Sin embargo, ahora, aquí, en Dinamarca, me sale al paso mi vida. Mis seres queridos. Mi profesión. Mi cultura, mi educación, mi historia. Todo me dice que la fe no es algo que se tenga y mucho menos de lo que se alardee, pero eso entra en una colisión más que violenta con los minutos que pasé en un banco mirando a los ojos a un Jesús vivo que, desde un camino de Israel de hace un par de milenios, me reconoció. Colisiona dentro de mí, que soy el prototipo del protestante, alguien que se ha criado en un entorno como el que describe el filósofo Matias Møl Dalsgaard en su tratado *El yo protestante* de forma escueta y sin rodeos: «Hasta me atrevería a decir que la tradición protestante expulsa a la religión».

La fe ha quedado expulsada de nuestras vidas. No de la de la reina, pero sí de la de la mayoría, entre la que me incluyo, y ahora algo ha vuelto a impulsarla hasta mi interior y la ha convertido en una parte imprescindible de mí. Lo que está hecho no puede deshacerse, ni siquiera con palabras y argumentos. Aprendemos que todos somos iguales ante Dios y que no existe un sistema, un conjunto de plegarias ni tampoco una visión que nos haga más santos que a los demás. Lo que debemos hacer es concentrarnos en ser útiles aquí, en la Tierra. Eso es lo que nos ha enseñado nuestra propia religión, la protestante. Así que, por absurdo que parezca, ella misma es la que se ha expulsado de nuestra vida. Varios siglos de entrenamiento han convertido la fe en el sentido común. Y viceversa. El sentido común no solo está basado en nuestra fe, es nuestra fe.

De haber nacido en otro lugar, es posible que hubiese podido aceptar la visión sin más. En un país católico. O en Oriente. Y aunque en Dinamarca hoy en día hablamos de fe más abiertamente que las generaciones anteriores –si bien en ciertos contextos cada vez son más los prejuicios y la estigmatización y existe un miedo real al fundamentalismo–, si uno quiere que le tomen medianamente en serio, no puede ir por ahí hablando de Jesús ni entrar en trance y tener vivencias espirituales. Hablar con el hijo de Dios no es exactamente sensato. Ver a alguien que ni siquiera se puede demostrar que viviera hace dos mil años es algo inexplicable en la política y culturalmente correcta Dinamarca, en cuyos círculos intelectuales solo es aceptable creer en algo si es posible defenderlo con argumentos racionales y circunscribir la fe al ámbito del pensamiento.

Yo no soy capaz.

Lo he vivido con todo el cuerpo.

Trescientos años atrás me habrían quemado en la hoguera. Puede que lo hagan de nuevo. Es verdad que la fe es una relación entre el individuo y Dios, decimos los protestantes, pero eso no quiere decir que tenga algo que ver con Jesús como persona. Y, desde luego, no tiene nada que ver con este sentimiento amoroso que vuelve a colmarme haciéndome parecer un personaje salido de una película americana de serie B. Tiemblo y resplandezco, tengo un cuerpo que se eleva por sí solo al caminar, voy erguida, expectante y colmada de una alegría más banal que la de un niño.

Siendo eso que llaman una persona moderna, debería buscar mi esencia y entrar en sintonía con ella, como recomiendan los libros de autoayuda que lee mi generación. Pero después de la visión sé que no es posible conocer esa esencia al cien por cien. Mi esencia puede contener y absorber algo que yo ni siquiera sabía que existía. Un hombre que vivió hace dos mil años me ha hablado en una lengua que no comprendo y que, sin embargo, entendí. Si es algo a lo que yo misma me he llevado o que yo he creado, entonces tengo un poder con el que ni la mente más soberbia se atrevería a soñar.

Resulta terroríficamente más provocador para el cuerpo y el alma, el intelecto y la razón que cualquier otra cosa, pero como dice el islandés Jón Kalman Stefánson en su novela *La tristeza de los ángeles:* «La sabiduría no se encuentra en nuestro interior; en su lugar albergamos algo que tiembla en lo más profundo de nuestro ser, y quizá sea más valioso».

—Tienes que irte ya —me recuerda mi madre, dándome un abrazo.

Llevamos las tazas a la cocina, cojo el avión, vuelvo a casa, a Rold Skov, y le hablo a mi marido de la visión. Dice que no lo entiende, pero lo acepta. Que no espera llegar a vivir nunca algo semejante, pero que no le parece mal que a mí me pase.

—¿Crees que voy a volverme loca? —le pregunto.

—Mientras yo esté aquí, no.

«Tengo hambre de tu boca, de tu voz, de tu pelo
y por las calles voy sin nutrirme, callado,
no me sostiene el pan, el alba me desquicia,
busco el sonido líquido de tus pies en el día.»

Pablo Neruda

El gozo del asombro

Aún queda nieve afuera, el sol de marzo hiere mis ojos enrojecidos... ¿Dónde he metido las gafas de sol? Los pajarillos picotean en el comedero, su día a día no varía: buscar alimento, cobijarse, no morirse de frío. Nosotros les ayudamos; carboneros y gorriones molineros, herrerillos y mirlos; el solitario petirrojo es siempre más que bienvenido. Ahí está, hinchándose como una bola para que el aire le circule entre las plumas y mantenerse caliente.

Requiere mucha energía mostrar entereza y no pensar constantemente en mi encuentro. No soy capaz de hablar de ello sin romper a llorar. No puedo ver un cristal de nieve en la ventana sin que su belleza me haga sollozar. No puedo aguantar que mi marido me dé un beso en la mejilla sin gimotear de alegría. Estoy contenta, sí, pero también sufro, porque casi de continuo me veo arrastrada más allá de los límites de todos mis sentimientos. La capacidad de clasificar las impresiones se me ha desactivado, estoy cansada a más no poder de que mis emociones y mi cuerpo vayan dando tumbos constantemente. Es como estar enamorada, aunque no había llorado tanto en toda mi vida.

Han pasado unas semanas desde la visión y he empezado a buscar datos que me hagan sentir segura al reconocerme en ellos. El conocimiento me tranquiliza. Puedo y debo involucrar a mi intelecto en todo esto, aunque soy muy consciente de que no hay la menor seguridad de poder situar unas vivencias de semejante calado en un contexto académicamente inteligible. Pero me niego a sumirme en una solitaria y gozosa historia de pasión sobre lo que representa ser la única elegida. No lo soy. Soy una persona corriente. Alguien más tiene que haber vivido lo mismo que yo. Alguien debe saber algo.

Por eso, cuando el sueco Peter Halldorf escribe el párrafo que sigue en *Bebe a fondo del Espíritu,* derramo lágrimas de alivio. Aunque emplee palabras completamente distintas a las que utilizo yo.

«El espíritu es el agua viva que brota de nuestro interior y purifica la vista», dice del llanto, y prosigue: «La purificación no alcanza solo a la persona interior, sino también al cuerpo. Se manifiesta físicamente en el bautismo, pero también en las lágrimas, que por ello reciben el nombre de don del Espíritu. El agua bautismal y el manantial de las lágrimas son una sola: el agua vivificadora del Espíritu que mana de la roca del desierto, quebrada para que los hombres pudieran ver».

Aunque el tono y el lenguaje son notoriamente más sacros que los míos, está hablando de mí. Adiós rímel. La gente me pregunta si tengo conjuntivitis porque me paso todo el santo día con los ojos enrojecidos. Pero no, no es conjuntivitis, asegura Peter Halldorf, un pastor protestante sueco autodidacta y muy activo que, con su controvertida voz, aboga por una espiritualidad común a las muchas confesiones que engloba el cristianismo. Una espiritualidad basada en los hechos de los primeros cristianos, antes de que aparecieran las iglesias. Y en lugar de mostrarse categórico o crítico con la forma de creer de los demás, es abierto, y muy concreto además.

«Las lágrimas son la señal de que Dios ha estado de visita. Son la señal del verdadero bautismo espiritual», continúa Halldorf. Después se refiere a otras personas que han tenido experiencias como las mías: «Las lágrimas empezaron a rodarme por las mejillas y sentí que la presencia de Dios era tan real como si lo hubiera visto», declaró Lewi Pethrus a propósito de su bautismo espiritual a bordo del barco que lo trajo de Noruega en 1902. Y a finales del siglo x, tras su trascendental experiencia del Espíritu en Constantinopla, Simeón el Nuevo Teólogo escribe lo siguiente: «Cuando alguien levanta repentinamente la mirada y ve todo lo creado como nunca antes lo vio, se ve colmado de asombro y rompe a llorar, sin que medie influencia externa y libre de todo temor. Las lágrimas lo purifican y lo limpian en un nuevo bautismo», refiere el pastor sueco antes de concluir: «Ambos testimonios tienen en común lo inesperado de la visita de Dios y el gran asombro que causa. Es un patrón de sobra conocido en la experiencia espiritual. Lágrimas y asombro están íntimamente relacionadas. La dureza de un corazón no obedece tanto a una maldad taimada como a la pérdida de la capacidad de asombrarse. Aquel que salvaguarda su capacidad de asombro mantiene siempre una ventana abierta para el Espíritu Santo. Las lágrimas son el lenguaje del asombro».

Lloro de gozoso asombro y de pasmo por haber visto a Jesús, es cierto, y mi prosaico lenguaje periodístico no es suficiente. Términos como *bendito* y *bautismo espiritual* no son habituales en mi vocabulario ni tampoco en el de muchos otros fuera de las iglesias. Conocemos su significado, pero son palabras que automáticamente sitúan a quien las dice en un mundo cerrado de sacralidad.

Hoy es la víspera de nuestras vacaciones en la nieve en Noruega con los chicos. Desde la puerta de la terraza veo los pájaros y los campos blancos. Entonces marco en el móvil el número de Liselotte Horneman Kragh. Fue pastora protestante y ha traducido un libro de Rowan Williams, arzobispo de la Iglesia de Inglaterra entre 2000 y 2012, titulado *Silencio y bollos de miel,* una serie de conferencias sobre los padres del desierto, que en los primeros siglos de nuestra era buscaron a través de la meditación una sabiduría de la vida provocadoramente libre a ojos de la Iglesia y el poder jerárquico. Halldorf también escribe sobre estos monjes que se retiraron al desierto, igual que Jesús, por cierto, en busca de una continuidad entre su cuerpo y su fe.

Cuando leí el libro y después la entrevisté, lo hice con cierta distancia intelectual, con una curiosidad seca. Ahora esa curiosidad se ha visto reemplazada por la necesidad de hablar con una persona con formación teológica que, además de tener conocimientos sobre la relación entre cuerpo y fe, no vaya a salir despavorida si la llamo un domingo a mediodía y le cuento que he tenido una visión en el banco de una iglesia católica.

—Es estupendo que no tengas ninguna formación en la materia, así puedes aceptar lo que has vivido sin más y no poner en duda su autenticidad. No puedes manipularlo. Es espléndido –asegura, aunque a mí no me parece tan espléndido, sino más bien peligroso.

También me hace una advertencia.

—No debes centrarte solo en esa experiencia. Lo que tienes que vivir es el día a día. No persigas grandes sensaciones. Has recibido un regalo y ahora no puedes exigir que vuelva ni hacer nada para que ocurra otra vez.

Entre sollozos, me doy cuenta de que tiene razón. Si me pierdo en mis sentimientos, el deseo de que vuelva a colmarme con su amor me apartará del mundo. La tentación es grande. ¿A cuántas personas se les concede ver al hombre y llegar a sentir este amor para el que no tengo palabras?

—Reza la oración del corazón –sugiere.

—¿El qué?

—«Señor Jesucristo, ten piedad de mí.» Tú solamente di eso una y otra vez.

—Pero...

—Hazme caso.

Aunque no sé gran cosa de oraciones y esas palabras me resultan tan extrañas como las de Peter Halldorf, hago lo que me dice. Y me tranquiliza. Me sosiega un poco y al fin empiezo a creer que algún día podré con todo esto.

No han pasado ni siquiera dos semanas y las cosas se tuercen. No consigo apagar la oración, se repite dentro de mí cuando paso la aspiradora, escribo artículos o conduzco, y mi cuerpo se estremece.

«¡Load, criaturas del Señor,
a Dios grande y glorioso!
Inmensa es la obra menor
del Todopoderoso.»

Hans Adolph Brorson

El despertar del cuerpo

Una noche de finales de marzo de 2009, a la una y ocho minutos de la madrugada, le escribo un correo electrónico a mi marido, que está de viaje.

> Hola, cariño.
> Estoy leyendo acerca de lo que Steen, Michael y Dorrit y ese hombre tan raro de Málaga dicen que tengo. Y estoy llorando. Porque es exactamente lo mismo que dicen, y es muy, muy extraño leer una descripción tan exacta de lo que he vivido.
> Me siento muy aturdida, contenta y aliviada, pero también profundamente emocionada. Tú sabes que yo no he pedido todo esto, se me ha venido encima sin más ni más.
> Ellos lo llaman despertar de la *kundalini**.

---

* http://kundaliniawakeningseminars.com/howitworks.html.
(N. de la A.)

Y ese nudo amarillo que noto en la boca del estómago es el tercer *chakra*, que llaman, y lo describen exactamente tal y como yo lo siento. Es tremendo todo esto.

Intento tomármelo como un motivo de alegría, verlo como un regalo, pero lo cierto es que me desborda.

Voy a tomarme una copa de vino y a intentar dormir un poco.

Un beso.

Pero no me duermo. Me estremezco de alivio al pensar que hay más personas que han vivido algo parecido y lo han plasmado por escrito. Bebo vino y leo y leo sin parar. Observo las palabras y los dibujos diciéndome que no pueden tener nada que ver conmigo, pero a la vez me reconozco en ellos como en un espejo. Todo es tan preciso que al mismo tiempo me siento diferente y ajena, porque yo no soy uno de esos bichos raros que van por ahí vestidos con una túnica, se sientan en la postura del loto, hablan de *chakras*, emiten sonidos graves y se apartan de un modo irresponsable de la sociedad en la que hemos nacido, que es lo que, con mi visión llena de prejuicios, pienso de la gente que escribe sobre estas cosas.

Es un alivio saber que el psicoanalista Carl Gustav Jung reconoció el fenómeno. En 1932, durante una conferencia sobre el tema en Zúrich, se refirió al proceso *kundalini* como una manera válida de describir las experiencias del individuo con el inconsciente. Él y otros consideran que lo que aflora es el propio subconsciente.

Reconozco todo el proceso, salvo lo fundamental, su causa, su sentido, a Jesús. No puedo haberme inventado al hombre que vi en la sacristía. Jamás he visto, ni antes ni después, un hombre semejante. Tiene que venir de fuera. No de mi vida, no de mi razón, pero ¿de dónde, entonces? Incluso después de haber leído sobre la *kundalini* tengo tantas dudas que más adelante recurro a los principales expertos en medicina del país en busca de cualquier cosa medianamente parecida a lo que me ha ocurrido. Voy a Dianalund, al hospital de epilépticos Filadelfia, a hablar con el director del departamento de investigación del Neurocenter Hammel, y leo todas las publicaciones científicas que han escrito cualquier cosa mínimamente relacionada con algún punto de mi experiencia.

Mi mentalidad científica y mis conocimientos me llevan de inmediato a contabilizar manías y depresiones, pérdidas de memoria, ataques de epilepsia, psicosis, trastornos menopáusicos u hormonales. Resulta absurdo utilizar palabras tan extrañas para referirse a este cuerpo que está aquí sentado frente al ordenador en una casa corriente y moliente. Sin embargo, dentro de *kundalini* caben todos esos cambios físicos, su evolución, el dolor de cabeza, la pérdida de peso, el enamoramiento y la visión. Y aquí estoy, en una noche de marzo, disfrutando de la existencia de una serie de personas que han sido capaces de poner un poco de orden y describir con palabras lo que a mí me ocurre. Me abandono a la placidez de sentirme parte de la manada y, al reconocerme en otros, respiro de nuevo.

Leo testimonios escritos con palabras casi cotidianas, pero que, incluso así, están a años luz de cualquier frase que yo haya podido usar en toda mi vida. Y, sin embargo, encajan con mi estado. El grupo que hace la página cuenta, como todos los demás, que *kundalini* es un término sánscrito que significa «serpiente enroscada». Igual que la serpiente, la energía primitiva del individuo se encuentra enroscada en la base de la médula espinal, dice con unas palabras que me resultan ajenas; pero no me queda más remedio que seguir leyendo. Debo confiar en mis propias experiencias, en mis nuevos conocimientos, y tomar en serio los de los demás antes de rechazarlos solo porque sus palabras me resulten extrañas.

Todos llevamos la *kundalini* dentro y podemos despertarla, «por lo general a través de la meditación, la sanación, el yoga o la terapia». Asciende por los *chakras,* los centros de energía del cuerpo. Las diferentes escuelas tántricas y de yoga budistas e hinduistas no se ponen de acuerdo en el número de *chakras* que existen. La mayoría dicen que hay entre cinco y siete. Los *chakras* se sitúan entre el bajo vientre y la parte alta del cráneo y sus colores van del rojo al amarillo (en el plexo solar) y del verde al azul y al púrpura, en la coronilla. El púrpura, que también es el color más sagrado de la Iglesia cristiana.

De vez en cuando, la *kundalini* despierta dentro de las personas que atraviesan grandes crisis, pero «también puede aparecer de pronto, sin motivo aparente». Después puede, «dicho llanamente, culminar con una experiencia muy breve e intensa, aunque en la mayoría de los casos activará un proceso de mayor duración». A muchas personas, una *kundalini* despierta «las invalida durante períodos que pueden ser más o menos largos», porque «no es fácil integrar esa energía desbocada en el día a día». Algunos sufren episodios psicóticos, muchos son ingresados, otros tienen ataques de ansiedad, dice, pero quienes lo superan sienten que «es mejor mostrar una actitud atenta y de escucha que permita cooperar con el proceso, en lugar de cerrarse a él. Al dar pie a un profundo reajuste personal de nuestros patrones de vida, puede tener un potencial sanador».

Esa noche, cuando escribo a mi marido, el reconocimiento es tan fuerte que me siento capaz de caminar sobre las aguas sin dejar de estar por ello en tierra firme. Cuando despunta el sol de la mañana y el vino ya se ha acabado, no me cabe la menor duda de que me encuentro en plena liberación *kundalini*. Me echo a reír con un alivio algo ebrio al descubrir unas líneas más adelante que una *kundalini* despierta a menudo «se manifiesta en la conexión entre sexualidad y consciencia». Sí. En mi vida me había sentido tan erótica.

«Esa conexión genera una fuerte estimulación y acción de la energía», leo. Y que lo digan. Nunca había tenido tantas energías.

«Llegados a este punto, la personalidad será frágil y la tensión intensa», continúo, y sí, sí, tantas lágrimas, tanta sensibilidad a flor de piel.

«El principal denominador común es la chispa que salta entre una conciencia meditativamente reflexiva y la dimensión sensorial, física», dicen las palabras, una traducción directa de mi constante peloteo entre un cuerpo muy vivo y un alma recién abierta que ha estado cerca del hijo de Dios.

Mi estado físico queda descrito con precisión en la lista de dieciséis puntos, como en un libro de texto, que aparece en mi pantalla.

Rasgos característicos de *kundalini:*
1. Impulsos ardientes o fríos que suben por la columna vertebral.

2. Excitación sexual en el bajo vientre, a lo largo de la columna y en la cabeza. Sensación de hormigueo en el sacro.
3. Vibraciones, inquietud o calambres en varias zonas o por todo el cuerpo.
4. Dolor, tensión, rigidez en la nuca y dolor de cabeza.
5. Pulso rápido y metabolismo acelerado.
6. Sensibilidad exagerada a los ruidos, al contacto con personas y a otros estímulos.
7. Sensaciones orgásmicas en distintos puntos del cuerpo u orgasmos cósmicos.
8. Experiencias místicas/religiosas, apariciones, destellos cósmicos.
9. Experiencias clarividentes de hechos de la vida actual/vidas anteriores.
10. Fenómenos lumínicos.
11. Desequilibrio entre impulsos sexuales y espirituales.
12. Ansiedad ante el desconocimiento de lo que ocurre.
13. Disminución de la capacidad de concentración y problemas de memoria.
14. Euforia maníaca, falta de sueño y de apetito.
15. Depresión, pensamientos suicidas.
16. Aislamiento total ante el dominio de las experiencias sobre la psique y la imposibilidad de compartirlas.

Reúno todos los síntomas, si es que se les puede llamar así, salvo los dos últimos. No estoy deprimida ni aislada, ¿lo estaré más adelante?

Siento el calor que sube y baja por la columna vertebral. Ocurrió por primera vez el día que fui al bosque con la perra y después se ha repetido unas cuantas veces, por sorpresa, haciendo que me sonroje, porque suele culminar en lo que la lista denomina «excitación sexual en el bajo vientre».

Tengo calambres en las piernas cuando duermo y, de camino hacia España, me asaltó el espantoso dolor de cabeza que forma parte de la primera fase habitual en el proceso.

De vez en cuando me aumenta el pulso, solo por unos instantes, no llega a preocuparme, pero ¿podría ser el metabolismo acelerado el culpable de que esté perdiendo peso? No lo sé, porque también como menos de lo normal y hago menos deporte, pero me encuentro bien, así que ¿por qué ir al médico y convertirlo en un problema?

La «sensibilidad exagerada a los ruidos, al contacto con personas y a otros estímulos» la he tenido de siempre, aunque ahora resulta mucho más evidente. Bajo el volumen de la música y, si es posible, la apago, ya no puedo estar en modo multitarea, y eso que reboso energía. Me sorprende.

También reconozco las sensaciones orgásmicas, pero tampoco las llamaría cósmicas. ¿O sí? Acabo de acordarme de lo que me dijo el guía Andrea Pezzini inmediatamente después de mi encuentro con Jesús.

—Ya me gustaría a mí ser capaz de hacer que una mujer tenga ese aspecto —aseguró cuando, tras abandonar la sacristía, echamos a andar al sol.

—¿Por qué? ¿Qué aspecto tengo?

—*As if you just made love... and loved it.*

La sensación era idéntica, recuerdo ahora. Sí, supongo que enamorarse del mundo entero y al mismo tiempo sentirse como un elfo debe de ser toda una orgía cósmica. Era como después de hacer el amor, solo que infinitamente más intenso. Me conmociona ver lo próximos que pueden llegar a estar el amor físico y la fe. Pegados, se podría incluso decir. La esposa de Jesús, pienso, y comprendo por qué las monjas se hacen llamar así.

He llegado al punto número ocho: «Experiencias místicas/religiosas, apariciones, destellos cósmicos». Es evidente que el encuentro en la sacristía entra dentro de este apartado.

Lo que no sé es si he tenido «experiencias clarividentes de hechos de la vida actual/vidas anteriores», pero recuerdo que Ramón Francia Urbón –propietario de una empresa de muebles al que yo no conocía cuando lo vi en febrero en los baños árabes de Málaga la víspera de la visión– me dijo que, meditando en los baños, me había visto vivir en un bosque con tres hijos, como ahora, y, ese mismo otoño, mi amiga de Tønder vio que yo había vivido ya varias vidas más. Una en España, nada menos. Y otra en Italia. Vidas buenas y largas, me contó, aunque preferí no ahondar en el tema. Me resultaba demasiado inconcebible. Lo mismo me ocurría con las palabras de Ramón en Málaga. Me cuesta asimilar la posibilidad de haber tenido varias vidas y no quiero saber más del asunto. Puede que sea una especie de autodefensa o tal vez simple sentido común. Ni lo sé ni me importa. ¿He vivido antes? No sé qué decir al respecto, pero si es así, a estas alturas ya no voy a cambiar nada en las otras vidas. En esta, en cambio, sí puedo, pero aunque no siento curiosidad por mis otras existencias, no puedo rechazarlas. No cuando yo misma he estado con un hombre que vivió hace dos mil años. Era él; no era otro que hubiera aparecido en su lugar. No me cabe en la cabeza, desarma toda mi capacidad lógica y me deja sin otra cosa que mi conocimiento sensible... y mi respeto hacia los demás. No me supone un problema que otras personas sepan que he vivido antes de ahora. Yo no lo sé. Lo que sí sé es que he visto a Jesús.

También sé que he experimentado el síntoma número diez, «fenómenos lumínicos», porque eso es lo que ocurrió en el claro del bosque cuando me alcanzó aquel rayo del cielo. Supongo que también lo es esa luz azulada que me llena por dentro cuando rezo, cosa que hago varias veces al día, algunas un instante, como si obedeciera a una necesidad repentina, otras veces como algo planificado, durante veinte minutos y con el despertador puesto, un momento de calma en medio de tantas impresiones para los sentidos. La luz azul se vuelve más intensa al cabo de varios minutos de oración. Es hermoso.

No me extraña que el número once sea «desequilibrio entre impulsos sexuales y espirituales», porque ¿qué equilibrio puede haber en desear estar con un hombre al que solo se ha visto en forma de holograma?

No puedo decir que haya tenido «ansiedad ante el desconocimiento de lo que ocurre». Ansiedad no. He sentido miedo y nerviosismo, pero me siento segura con quienes me rodean tanto aquí como en España.

En cambio, sí se ha debilitado, y mucho, mi capacidad de concentración y han aumentado mis problemas de memoria, aunque atribuyo ambas cosas a eso que en la lista llaman «euforia maníaca, falta de sueño y de apetito», porque hay mucho más tiempo y muchas más energías de donde quitar. Es una ventaja ahora que me encuentro metida de lleno en algo que no entiendo, pero que tampoco tengo la suficiente soberbia para rechazar.

No puedo rechazarlo. Para mí el proceso *kundalini* es tan real como el café y el cruasán que caliento a la mañana siguiente. Puedo tocar mi cuerpo y ver cómo ocurre.

Compro libros sobre el tema, después busco el momento para leerlos sin echarme a temblar. Vuelvo varias veces a Gurmukh Kaur Khalsa y a todos los demás que comparten sus experiencias en *Ascensión kundalini: explorando la energía del despertar.* Porque, aunque no hay dos procesos idénticos, los suyos comparten muchas cosas con los míos. Dorothy Walters, profesora de lengua de Colorado, en Estados Unidos, y autora de libros como *El centro de la llama: Poemas del viaje espiritual,* cuenta que lo vivió a los cincuenta y tres años y que todo era tan diferente y tan extraño que ni ella misma podía creerlo. Físico, era muy físico. Me reconozco en todas y cada una de sus palabras, pero quiero saber más. Un buen día monto en el coche y voy hasta Aarhus a hacer una visita a Michael Stubberup, con el que he hablado por teléfono en varias ocasiones. Es autor de una larga serie de libros y ha trabajado con Steen Hildebrandt, profesor de gestión y dirección de empresas en las escuelas de negocios de Aarhus y Copenhague y un hombre al que conozco hace más de veinte años y en quien confío plenamente. Él es quien me ha sugerido que hable con Michael. Hildebrandt es tan extraordinariamente profesional como Stubberup, que se licenció en Filosofía y Letras y ha estado al frente de Cruz Roja de Dinamarca y varias organizaciones más. Desde 1997 forma parte de la dirección del Centro de Crecimiento de Nørre Snede, que imparte cursos de desarrollo espiritual.

—Podríamos llamarlo ascensión *kundalini,* pero encierra algo más que eso —dice.

Yo se lo cuento todo y él me escucha sin dejar de hacer dibujos en su pizarra blanca. Me explica que hay imágenes comunes a un nivel para todos y que Jesús es una de las más claras.

—No es muy habitual que la gente entre en la dimensión donde tú has visto a Jesús sin haber pasado previamente por un entrenamiento de varios años de meditación.

No he leído todos los libros de Michael Stubberup ni he asistido a sus conferencias o investigado sobre él, como suelo hacer antes de hablar con expertos. Sin embargo, de inmediato siento una gran confianza en sus conocimientos y tengo la sensación de que ha vivido experiencias similares a las mías. La confianza es decisiva cuando se tienen vivencias imposibles de demostrar que la mayoría rechaza y tacha de fantasías. Confianza en los demás, pero también confianza en la propia capacidad para discernir una vez que se ha escuchado y aprendido. De modo que, cuando me cuenta que todos, como personas, estamos presentes en varias dimensiones, le escucho. Podemos saberlo o podemos ignorarlo.

El Centro de Crecimiento se basa en un sistema transversal de formación y entrenamiento propio y en un modo de pensar orientado a la totalidad. Tal como yo lo interpreto, se trata de un sistema con dos pilares —las técnicas de meditación orientales y la psicología profunda de Carl Gustav Jung— que básicamente considera que el mundo, dominado durante demasiados años ya por una lógica masculina que se manifiesta en forma de poder y control, está a punto de experimentar una transformación. Si quiere sobrevivir, tendrá que empezar a explorar la vía femenina y, al igual que algunos nos formamos para ser ebanistas o astrónomos, otros tendremos que formarnos para liderar esta transición de la era masculina a la femenina y alcanzar la meta, donde existe un equilibrio entre unos seres humanos y otros, entre lo femenino y lo masculino, entre los seres humanos y la naturaleza, y donde sabemos que existimos en varias dimensiones, lugares y épocas diferentes al mismo tiempo.

Yo sigo dándole vueltas. ¿Seré yo uno de esos líderes? ¿Es esa mi razón de ser? Soy reacia a verme a mí misma como algo más que un buen ejemplo. Me cuesta considerarme una elegida, una cabecilla, y ver a los demás como a mis seguidores. No puedo dividir a la humanidad en dos. Sin embargo, siento que he adquirido un compromiso que crecerá con el tiempo. Me ha sucedido algo que me coloca en un puesto que antes no era el mío. Este nuevo puesto choca con todo lo que he aprendido en esta vida, tanto sobre la igualdad de las personas en general como, más específicamente, sobre mi propia normalidad. De manera que, hoy por hoy, se trata de algo demasiado grande y demasiado absoluto para mí, que he nacido, me he criado y he aprendido —a través de la vida y también de la educación— a dudar y dejar siempre la puerta abierta a otros puntos de vista. El dilema está claro. Porque me tranquiliza al instante poder recurrir a mi intelecto. Ser capaz de diseñar una superestructura académica apoyada en una base de sensaciones espirituales independientemente de la fe. Mi razón encuentra una lógica en el hecho de que lo increíble quepa en una hoja de cálculo. Porque, sí, hay muchas cosas que ignoro, pero también hay otras muchas que sé. No soy joven, y tengo la suficiente experiencia profesional y personal para saber que puedo confiar en mi conocimiento almacenado y servirme de él a modo de prueba de fuego cuando me enfrento a algo nuevo. Con los años, mi intuición se ha convertido en una herramienta muy bien pulida.

El sol me da en la nuca como aquella mañana de febrero frente a la puerta de roble de Úbeda y, al recorrer con la vista la calle peatonal, confío en mis propias experiencias, en mi formación, en mis muchos años de lecturas, en mis entrevistas a los cerebros más lúcidos de mi país. Entiendo por qué el ser humano se está desarrollando espiritualmente ahora mismo y que pueda hacerlo con mayor o menor uso del intelecto. Sé que existen millares de corrientes teológicas, profecías apocalípticas, sectas y guerras de religión a todos los niveles, pero ahora he experimentado por mí misma que se puede llegar a lo religioso sin necesidad de corrientes, de formación o de saber cuál es la fe acertada y cuál la equivocada.

Saberlo me hace sentir segura.

Hay una fe más fuerte que las personas que viven aquí y ahora y tienen por cometido enmarcar la fe dentro de sistemas cuyo fin no es incluir a todo el mundo, sino excluir a algunos. Aunque también sean creyentes. Recuerdo una entrevista con extestigos de Jehová a quienes no abandonaba el miedo al Armagedón; pienso en terroristas suicidas, en las eternas discusiones sobre islam y cristianismo, en el odio y la enemistad, en los «yo tengo más derecho que tú» y en los «el que no está conmigo está contra mí». Qué ajena me resulta ahora mismo la agresividad que encierra todo ello. Ahora sé que el amor que sentí durante mi encuentro tiene mucha más fuerza que cualquier guerra. No soy una guerrera en estos momentos, soy pensamiento, corazón y un cuerpo cuyos sentidos están abiertos al mundo.

Antes de que vuelva al coche y regrese a casa, Stubberup añade dos ejercicios concretos a la oración del corazón que ya vengo practicando, aunque ahora él me propone que en adelante la rece tomando y expulsando el aire a través del corazón.

Hay que hacerlo en horizontal para que la rutina y yo nos fundamos en una.

—¿Cómo? —le pregunto, y él me explica que debo respirar hondo e imaginar que el aire entra y sale por el corazón.

Hago una prueba.

Puede sonar tonto, pero me tranquiliza.

—¡Uf! —suspiro.

Él deja escapar una risita cauta.

—Es un pequeño ejercicio que marca una gran diferencia —dice.

Me explicó dos ejercicios más para tratar de restablecer un equilibrio con la tremenda energía vertical del proceso *kundalini*.

Durante las semanas siguientes practico. Me siento al borde de la cama con los pies descalzos firmemente apoyados en el suelo. El primer ejercicio consiste en cambiar de marcha para anclarme bien. Eso me ayuda a relajar el cuerpo. Cuando ya estoy relajada, tengo que centrar mis pensamientos, primero en los pensamientos mismos, luego en los sentimientos y, por último, en las relaciones.

Después hago la oración del corazón horizontal, sentada y respirando como si lo hiciera a través del corazón, despacio, inspirando y espirando. Transcurridos unos minutos, tengo que inspirar y expulsar el aire con todo el cuerpo.

Más adelante, lo llamo y me pone un tercer ejercicio: hacer que mi respiración haga el mismo recorrido que la luz amarilla el día del bosque, que entre en mi cuerpo, descienda por él y se dirija de nuevo al exterior por el sacro.

Aunque tengo mucho cuidado, cada vez que hago los ejercicios acabo con un terrible dolor de cabeza, semejante a los que me asaltaban cuando recorría España en noviembre. No puedo realizarlos con regularidad y al mismo tiempo ocuparme del trabajo y de mi familia. Me pregunto si debería pedir la baja, pero no me atrevo a renunciar al día a día, ¿qué sería entonces de mí? Estoy completamente abrumada, todo es tan físico y tan concreto y, al mismo tiempo, tan espiritual y eterno que mi yo no es suficiente para abarcarlo. Mi interior no está organizado para meterse en todo esto, me digo, e intento meditar con la oración del corazón, que me aporta seguridad porque me la han recomendado tanto Liselotte como Stubberup.

Me siento en un sitio tranquilo, cierro los ojos, rezo la oración en silencio y veo el rostro de Jesús. Sin embargo, una y otra vez llegan las lágrimas, me convierto en una columna de azul cristalino por dentro y me vence la fatiga. Al mismo tiempo, he empezado a ver colores alrededor de la gente; algunos son amarillos, otros rojos, hay quienes —pocos— van por ahí envueltos en un tono gris oscuro que lo absorbe todo, me vacía y me deja fría y triste cuando me acerco a ellos. Algunos no tienen ningún color. Los colores se dibujan como un contorno algo impreciso alrededor de su cuerpo y van y vienen cuando los miro. No están ahí todo el rato ni tampoco en todo el mundo. Me asusta. ¿Qué es lo que estoy viendo?

La primera vez me da mucho miedo. Ya no se trata solo de mí ni ocurre solo en España, ahora es aquí, en Dinamarca, y es algo que le pasa a mi familia, a mis amigos, a mis compañeros. Ni siquiera soy capaz de descifrar el significado de los colores, no tengo la menor idea de lo que quieren decir, simplemente los veo teñir literalmente mis sentimientos hacia los demás. No ocurre todo el rato, y los veo sobre todo en la gente que me importa. Al principio no me atrevo a contárselo a nadie, pero un día se lo digo a mi hijo mediano, Niklas, de dieciocho años.

—Mamá, seguro que solo estás viendo auras.

Ni siquiera tengo ganas de sentir curiosidad. Es demasiado perturbador, yo no quiero ser tan rara, no quiero involucrar a otros. Por eso le doy la espalda y pienso que tendrá algo que ver con la *kundalini,* que ya se me pasará. Pero no se me pasa.

«La integración de la experiencia espiritual
es un proceso de muchos años.»

Jack Kornfield

Van a tomarme por loca

Estamos a comienzos del mes de mayo. No hace mal tiempo y el día es tibio, como tantos otros de la primavera de 2009. Hace sol, pero yo grito.

Mi hijo Niklas cruza el patio a la carrera y se detiene delante del porche, sube las escaleras de un salto, me agarra por los hombros, me mira a los ojos y ríe conmigo aliviado al comprobar que estoy bien.

—Es solo que... —le explico— me salen rayos amarillos de los dedos.

—¡Pero, mamá!

Le acerco la mano derecha a la mejilla. No he llegado ni a rozarle con las yemas de los dedos y él ya ha dado un salto hacia atrás. Se acabaron las risas.

—¡Ay! Si das calambre.

Se restriega la mejilla.

—Me ha dolido, mamá. ¿Qué pasa? Te salen chispas de los dedos cuando me tocas. Hazlo otra vez. ¡Qué pasada!

Le toco la mejilla de nuevo. Él intenta no moverse y aguantar, pero no puede: aparta la cara en el mismo instante en que le rozan mis dedos. No podemos parar de reír. ¿Qué remedio nos queda? Es mayo, un día entre semana, él no tiene clase porque está preparando los exámenes y yo me he tomado el día libre, somos dos personas normales y corrientes, pero de los diez dedos de mis manos salen rayos amarillos de unos quince centímetros de largo; son más blanquecinos por la zona de las uñas y por el otro extremo adquieren un tono dorado. Cuando aprieto los puños, los rayos se me clavan en las palmas de las manos. Escuece. Veo el suelo de madera deslustrado del porche entre rayo y rayo. Oigo los gorriones. Huelo el abono de los sembrados que jalonan la carretera.

—Me estoy volviendo completamente chiflada.

—No, mamá —contesta mi hijo antes de entrar en casa a preparar algo de comer—. ¿Quieres que te traiga algo?

Doy media vuelta, contesto con un sí aturdido y veo mi propio reflejo en el espejo del pasillo. Tengo el aspecto de siempre, perfectamente normal. Pero aquí estoy, lanzando rayos amarillos por las yemas de los dedos y muy consciente de ello. Por eso vuelvo a llamar a Michael Stubberup.

—Es igual que el poder que tienen los sanadores, nada más.

—¿Qué?

—Es toda esa energía que llevas en tu interior. Si te apetece ser sanadora, no tendrás ningún problema.

No tengo la más mínima intención, pero después de ver la potencia de estos rayos amarillos entiendo mucho mejor cómo funciona eso de la sanación. Y entiendo por qué la gente que ha visto un aura, aunque solo sea una vez, siente deseos de hacer averiguaciones y saber más del tema. Lo que ocurre es que a mí no me apetece. Sé que no quiero dedicarme a la sanación. No me interesa, compruebo no sin cierta sorpresa. Soy una periodista curiosa, pero esto es muy real. A mí lo que me interesa es mi encuentro con Jesús. Fe frente a conocimiento. La provocación que supone encontrarse con un hombre que vivió en el pasado y que aún sigue deambulando por ahí.

Además, con trabajar, ocuparme de mi familia y seguir de una pieza, a pesar de las cosas tan extrañas que me están pasando, tengo más que suficiente. No estoy estresada, pero sí algo acelerada –aunque contenta– y concentrada en percibir todas estas novedades, y no puedo hacer grandes esfuerzos intelectuales más allá de los que me exige mi trabajo. Pero dedico años a adquirir conocimientos al más clásico y sobrio estilo periodístico dentro de todos aquellos campos en los que me están ocurriendo tantas cosas.

Cuando empiezo a investigar las auras, me encuentro con que Jamie Ward, psicólogo de la University College de Londres, presenta pruebas en *Nature,* la revista científica más reputada del mundo, de que hay personas que, como yo, ven colores alrededor de otras personas.

Él las llama *sinestésicas* y explica que pueden ver determinados colores alrededor de la gente en función del estado anímico de esta. Como cuando veo ese gris devorador en torno a alguien que sé que no está satisfecho con la vida. Jamie Ward y sus colegas realizaron una serie de experimentos que, según explicaron en una entrevista para *Cognitive Neuropsychology,* los llevaron a concluir que esta capacidad se debe a la existencia de diferencias físicas en la composición del cerebro de estas personas. Un colega de

Ward, el psicólogo Simon Baron-Cohen, de la Universidad de Cambridge, considerado uno de los expertos más prestigiosos de todo el mundo en los aspectos neurológicos del autismo, está de acuerdo con él. Lo que llaman *cross-wiring*, o conexiones cruzadas del sujeto que ve, se produce entre la corteza retrosplenial –donde están alojados nuestros sentimientos– y la zona donde se perciben los colores, situada en el área que los neurólogos denominan V4. Su colega estadounidense el neurólogo Richard Cytowic, de Washington D.C., trabaja en este campo de investigación desde la década de 1970 y aún no tiene claro si ha encontrado la explicación al fenómeno de las auras.

«No podemos saberlo. Pero lo que sí sabemos es que los sinestésicos perciben algo que los demás no vemos», decía en el mismo artículo, donde también calificaba de «hipótesis interesante» la posibilidad de que las auras que ven sean una emanación del verdadero ser de los demás y no una simple representación cromática de lo que los sinestésicos piensan de la persona que tienen delante. Jamie Ward, que admitía estar algo celoso de quienes tienen tales capacidades, aseguraba que no se trata de algo que se pueda aprender. Se nace con un cerebro capaz de ello. «La sinestesia es *hardwired* y biológica», decía a propósito de esta peculiaridad neurológica que, según sus cálculos, una de cada dos mil personas trae de serie.

Es posible, me digo, pero en ese caso la he tenido bien escondida todos estos años. No lo encuentro muy creíble, pero es la mejor explicación científica que he encontrado hasta ahora.

También investigo mis posibles habilidades como sanadora, un tema aún más polémico que el de las auras, ya que los sanadores tratan a otras personas. Hay dos metaestudios sobre la sanación —uno sobre los dolores y otro sobre las heridas— en la biblioteca Cochrane, que almacena toda la investigación accesible del mundo. Ambos tratan de averiguar si el efecto de la energía transmitida por simple contacto o a distancia es demostrable. Los dos concluyen de forma abierta.

En lo que se refiere a las heridas que supuestamente se curarían corrigiendo posibles desequilibrios en la «energía vital» o *chi* del paciente, los resultados son contradictorios, pero el doctor Donal O'Mathuna, de la City University de Dublín, concluye que no existe una investigación estructurada.

Y, por lo que respecta a los dolores, la situación se resume en que «hay base para afirmar que las terapias de sanación reducen el consumo de analgésicos» y, aunque «la falta de datos suficientes hace que los resultados resulten incompletos, la documentación existente apoya la utilización de terapias de sanación como tratamiento para aliviar el dolor», según afirma el NIFAB, el organismo estatal noruego que gestiona la información sobre medicinas alternativas.

Es decir, que podría ser de provecho que aprendiera a usar mis rayos amarillos para aliviar los dolores ajenos, pero yo soy periodista y ese es el camino por el que quiero seguir. Tengo que contar historias. Transmitir conocimientos. Aun así, continúo buscando explicaciones, aparte de la *kundalini,* que me ayuden a entender lo que me está ocurriendo. En la base de datos de investigaciones médicas www.ncbi.nlm.nih.gov/pubmed/ hago uso de mis conocimientos de inglés médico después de años escribiendo sobre el tema y leo sin parar hasta dar con varios expertos que describen una particular forma de epilepsia que algunos especialistas atribuyen a personas que han tenido visiones.

El doctor Karl O. Nakken, excampeón noruego de orientación, es neurólogo y jefe de sección del centro hospitalario Spesialsykehuset de epilepsia, además de coautor de un artículo publicado en la revista médica *Tidskrift for den norske Legeforening* que recoge los resultados de investigaciones sobre la relación entre epilepsia y religión llevadas a cabo por todo el mundo.

En él concluye que «los epilépticos, y particularmente los afectados por epilepsia del lóbulo temporal, refieren la presencia de sentimientos religiosos durante los ataques. Algunos experimentan una sensación de intensa armonía, un estado de elevación o de éxtasis. La ínsula [una parte del cerebro oculta entre el lóbulo frontal y el temporal donde se cree que residen la consciencia, los sentimientos y la percepción de fenómenos como el dolor, el calor y el frío] resulta determinante para la conformación de los ataques. En estado postictal [después de un ataque], algunas personas desarrollan ideas fuertemente religiosas que pueden llegar a prolongarse por espacio de varios días. Otras presentan una personalidad interictal con un marcado interés por cuestiones filosóficas y religiosas, y tienen necesidad de escribir. Knut el Sabio, que vivió en el siglo XIX, es un conocido ejemplo de la historia de Noruega. Hoy en día tenemos indicios de que una serie de personalidades religiosas, entre ellas profetas, santos y fundadores de sectas, podrían haber sufrido ataques de epilepsia del lóbulo temporal de carácter religioso».

Continúa explicando que, a lo largo de la historia, las personas con ataques de epilepsia eran «consideradas o bien endemoniadas o bien santas», y cita como ejemplo que en 1478 dos monjes dominicos publicaron en su tratado *Malleus maleficarum* que a las brujas se las reconocía precisamente por sus ataques epilépticos. Entre cien mil y un millón de mujeres murieron en la hoguera acusadas de brujería. Las mujeres aquejadas de epilepsia consideradas santas no han sido muchas. Tres cristianas: la sueca Brígida de Vadstena (1303-1373), la francesa Juana de Arco (1412-1433) y la española Teresa de Ávila (1515-1582). Más han sido los hombres santificados después de tales accesos. También en épocas más recientes. Desde el profeta hebreo Ezequiel (circa 593-571 a.C.) hasta el apóstol Pablo (circa 64), cuya historia forma parte de la Biblia, pasando por Buda (circa 563-483 a.C.) y Julio César (101-44 a.C.). El mismísimo Mahoma (569-623) sufrió ataques de epilepsia y puede que también Søren Kierkegaard (1813-1855).

—Y el escritor Fiódor Dostoyevski —añade Jørgen Alving, médico retirado que todavía trabaja como asesor del hospital para epilépticos Filadelfia de Dinamarca.

Casi todo el mundo me lo ha recomendado. Jens Ahrenkiel, jefe de Psiquiatría de ese mismo hospital, asegura que sabe más que nadie del tema y que ha visto aún más pacientes que él mismo. El propio Ahrenkiel tiene, además, «la suficiente experiencia como psiquiatra para no desestimar las vivencias de los pacientes».

—Lo que usted me está contando no tiene nada que ver con un diagnóstico psiquiátrico. Es inexplicable. En mi vida he oído nada semejante —afirma.

Es consciente de que «en el cerebro ocurren cosas muy curiosas que nosotros no entendemos».

—Uno aprende a aceptarlo.

Mi presencia activa durante la visión y el hecho de que sea capaz de recordarlo todo significa que no he sufrido lo que se conoce como una fuga disociativa, como cuando una persona viaja a un lugar y después no recuerda nada. Tampoco estaba bajo el efecto de ninguna sustancia, no había sido sometida a hipnosis ni sufrido una migraña que provocara las visiones. Hay un porcentaje ínfimo de probabilidades de encontrar un atisbo de explicación en la posibilidad de que tenga el escasamente conocido síndrome de Gastaut-Geschwind, una disfunción causada por ataques de epilepsia que dan lugar a cambios de personalidad que pueden producir unas exageradas necesidades sociales, sexuales y comunicativas, así como una vida emocional más intensa.

—Encaja bastante bien con lo mío —le digo.

Pero él rechaza el diagnóstico porque mi conducta, al contrario que la de quienes padecen este síndrome, no parece enfermiza y no he tenido nada parecido a un ataque epiléptico violento.

—Pero pregúntele a Jørgen Alving —me aconseja Ahrenkiel.

De manera que un buen día, sedienta de explicaciones científicas, me encuentro frente a un médico delgaducho con un polo de color cardenillo y un cartelito con su nombre prendido a la altura del pecho que no para de hablar de Dostoyevski.

—El escritor ruso era epiléptico, pero antes de los ataques experimentaba breves períodos, tal vez de hasta treinta segundos, de éxtasis. Él mismo dejó escrito que esos momentos eran una auténtica bendición y que la sensación de felicidad que experimentaba era tal que bien valía una vida. Decía que era un estado fuera del tiempo. Se parece mucho a eso que usted me cuenta —dice Jørgen Alving.

Asiento aliviada. ¿Y si solo se trata de una leve epilepsia? Entonces, no estoy loca. Pero desde el otro lado de su enorme escritorio, el médico del Filadelfia no tarda en disipar mi alivio.

—Es altamente improbable que sea su caso. Por varios motivos. Para empezar, con cada ataque epiléptico se repiten una y otra vez las mismas experiencias porque el grupo de neuronas del córtex cerebral que los desencadena siempre es el mismo. Usted tiene visiones, se le ilumina la frente, tiembla. No son los mismos episodios. En segundo lugar, esos avisos extáticos que tenía Dostoyevski, por ejemplo, duran muy poco tiempo y después se transforman, por lo general en espasmos. Además, quienes sufren los ataques no tienen una conciencia clara de ellos y no recuerdan su experiencia con tanta nitidez como usted. Es posible que esos fenómenos lumínicos que describe así como los temblores recuerden a la epilepsia, pero la visión, desde luego, no. Y, en cuarto lugar, lo que se experimenta durante los ataques no suele ser apacible, agradable y alegre, como lo describe usted. Pueden tenerse experiencias multisensoriales que agudicen todos los sentidos, lo que no quiere decir que sea algo agradable. De manera que no, la explicación de lo que le ocurre no es la epilepsia.

—Entonces, ¿cuál es?

—No lo sé. Algunas personas pasan por este tipo de experiencias religiosas que no somos capaces de explicar. Hay quienes las inventan, pero se trata de personas con una necesidad enfermiza de atención, y ese no es su caso. Incluso corre usted un riesgo al ir contándolo por ahí. No, lo que me dice está más allá del alcance de los científicos. Ha vivido usted uno de los secretos del alma.

—¿Y no podrían hacerme una exploración?

—No serviría de nada. Es posible tener ataques de epilepsia y que no queden registrados en un electroencefalograma ni en una tomografía a no ser que se conozca el origen exacto y se implanten electrodos en la zona, pero usted no tiene epilepsia.

—¿Se trata entonces de un despertar *kundalini?*

—De eso ya no sé nada. Como médico solo puedo ayudarle a descartar lo que no es. Sin embargo, basándome en mi experiencia profesional y en mi visión de la vida, le diré que en este caso no veo ningún conflicto entre ciencia y fe. Hay muchas cosas que desconocemos. El tráfico que se produce en el cerebro supera con mucho el de las redes telefónicas del mundo entero. Lo que sí sabemos es que no solo de pan vive el hombre, que también hay un espíritu. Todos llevamos dentro un anhelo indemostrable que a veces aparece y se concreta en fenómenos extraños, como esas experiencias suyas. El hecho de que vea a Jesús lo hace menos insólito, porque está usted echando mano del bagaje que comparte con los miembros de la cultura en la que ha crecido. Todos los grupos culturales tienen conocimiento de experiencias religiosas extáticas. Son algo universal, al igual que las experiencias cercanas a la muerte, que a menudo se parecen unas a otras. Tampoco para ellas hay una explicación —dice Alving, que me manda de vuelta a casa con la seguridad de que no tengo epilepsia; aunque, de haber sido así, me habría visto rodeada de las más ilustres compañías.

Alving conoce al siguiente experto con el que me he citado, aunque no a título personal, solo profesionalmente, porque el profesor Jørgen Feldbæk dirige el departamento de investigación del Neurocenter Hammel, donde, entre otras muchas cosas, rehabilitan a pacientes con lesiones cerebrales, y a lo largo de los años ambos han coincidido en conferencias y eventos similares. Yo sí conozco a Feldbæk personalmente, aunque muy poco y de hace una eternidad. Fuimos juntos a clase el primer curso de instituto. Viví unos años en Thisted después de acabar noveno porque mi madre dejó Copenhague para instalarse allí y abrir una tienda de ropa. Dediqué el primer año a cuidar de mi hermana pequeña y a trabajar en la tienda, y al año siguiente empecé a ir al instituto local. Después acabé mis estudios en uno de los caladeros de la alta sociedad, el instituto Ordrup, al norte de Copenhague. Encajar en entornos tan dispares hace que entrenar el músculo de la tolerancia se convierta en una cuestión de vida o muerte. El mío sigue aún en buena forma, lo mismo que el de Jørgen, y al reunirnos en la escalera principal del viejo colegio, donde ahora vive con su familia, no podemos evitar echarnos a reír al ver las canas que ahora ambos peinamos. Estamos de acuerdo en que no hemos cambiado nada, y lo cierto es que seguimos charlando como si ayer hubiésemos estado juntos en el recreo, con nuestras tarteras, dándonoslas de entendidos en la situación del mundo con esa osadía que solo puede tenerse en la época del instituto.

—No existe una lesión cerebral que produzca la experiencia que tú has tenido. Al menos que sepamos —me asegura.

Ya nada más empezar se muestra de acuerdo con Jørgen Alving.

–No puedo sino suscribir lo que Alving te ha dicho. Lo único que recuerda vagamente a lo que cuentas son los ataques de epilepsia parcial, pero no, no encajan ni remotamente con las distintas vivencias que has tenido. Solo puedo repetir que hay muchísimas cosas que los científicos no sabemos y para las que no encontramos explicación, pero en algunos entornos las experiencias como las tuyas son casi corrientes.

–¿Corrientes?

–Sí, en el cristianismo carismático, por ejemplo el pentecostalismo, las visiones y otras experiencias semejantes están reconocidas. Lo mismo que el don de lenguas. A mi padre le pasó algo parecido a lo que has vivido tú en 1977. Para él fue una conversión. Yo en aquellos momentos acababa de confirmarme y aquello me daba un poco de vergüenza ajena.

El padre de Jørgen es el pastor Bent Feldbæk Nielsen, excluido de la Iglesia del Pueblo Danés en 1999 por pretender bautizar «al» y no «en» el nombre del Padre, del Hijo y del Espíritu Santo. Se negaba a seguir el ritual porque creía que uno solo llega a hacerse cristiano a través de la conversión personal, mientras que la visión clásica dentro del luteranismo es que se trata de un regalo que Dios nos concede a todos al nacer. En 1996 fue juzgado por un tribunal eclesiástico y, aunque apeló, un tribunal superior ratificó la sentencia en 1999.

Jørgen no acompañó a su padre, su madre y sus dos hermanos pequeños en el camino a aquel mundo carismático y, junto con el resto de sus hermanos, siguió profesando la fe común, aunque en constante debate con sus progenitores, con quienes, por cierto, acaba de pasar sus vacaciones. Sin embargo, apreció grandes cambios en su padre, que después de su conversión se transformó en un hombre más alegre y vital y estaba «mucho más enamorado de nuestra madre». Y «ni quiere ni puede» negar que su padre y muchos otros miembros del movimiento han tenido experiencias espirituales y concretas parecidas a las mías.

—Lo he visto muy de cerca durante toda mi vida de adulto. Evidentemente, de vez en cuando se te pasa por la cabeza que hay quien cuenta esas cosas para no sentirse excluido o por llamar la atención, pero no me cabe la menor duda de que hay personas que tienen ese tipo de experiencias. Tampoco tengo ninguna duda respecto a las tuyas. Pero no puedo darte una explicación. Me temo que vas a tener que irte sin lo que habías venido a buscar.

Tiene razón y al tiempo no la tiene. Aunque la decepción por no haber conseguido clasificar mi vivencia de inmediato es grande, el alivio es aún mayor. La confusión no ha mermado, ni tampoco el miedo a volverme loca ante las dimensiones de todo esto, pero ahora que ya son tres los hombres de ciencia que creen que no estoy chiflada, me atrevo a compartir mi experiencia con otras personas.

Un buen día llamo a mi tía, Hanne Rørth, mujer del hermano de mi padre y madre de cuatro de mis primas. Quiero hablar con ella por varias razones. En parte porque es mi tía y me conoce de toda la vida. Ha seguido desde primera fila a la hija mayor de la manada, inquieta y siempre cuidando del resto de sus hermanos e intentando adaptarse y estar a la altura de las expectativas de todos, pero que nunca ha terminado de sentirse a gusto en su papel y por eso casi siempre acaba estresada.

También es la que más sabe de toda la familia acerca de los cátaros, que según la leyenda se hicieron cargo de María Magdalena cuando llegó embarazada al sur de Francia. La vida ascética de los miembros de esta comunidad no hizo sino ahondar aún más en la brecha que los separaba de la Iglesia católica, que requería construcciones y un poder visible. Hanne pasa la mitad del año en los Pirineos, en Montsegur −a los pies del monte del mismo nombre−, donde la última comunidad cátara se rindió y pereció en la hoguera en 1244. Entre otras muchas cosas, fue enfermera de distintos pabellones psiquiátricos durante varios años, aunque después se hizo artista, empezó a impartir cursos de danza en círculo y se convirtió en una persona con una gran reputación en ambientes espirituales. Nunca hemos hablado exactamente de lo que hace, pero siempre nos hemos tenido mucho cariño y hemos pasado muchas horas hablando de nuestras cosas, de nuestras familias y de lo importante que es estar a gusto juntos.

−No vas a volverte loca, pero debes mantenerte unida a la gente que te quiere. Busca un anclaje. Recuerda que tu abuelo también tenía visiones de niño y probablemente también las tuviera tu padre −me dice.

En sus últimos años, mi abuelo paterno solamente leía la Biblia y el Corán; era ingeniero y, cuando le preguntaban, insistía en que se debía a un interés académico por lo que había creado nuestra sociedad y nuestras ideas. Hablábamos mucho él y yo, aunque jamás de sus visiones, pero la mañana que exhaló su último aliento en el hospital de

Odense parecía un caudillo rumbo ya hacia un lugar al que podía llamar su hogar. Mi tía no conoce las visiones de mi abuelo con demasiado detalle. Tampoco mi padre, con el que nunca he hablado de creencias; sin embargo, cuando una noche me armo de valor y les cuento a él y a su mujer —médico y enfermera— y a sus dos hijos mis visiones, él recuerda de pronto la suya, que «no fue agradable».

—Era un Dios furioso de barba blanca que surgió de entre la hierba justo delante de mí. Yo creo que llevaba demasiado rato jugando al sol —bromea.

Pero escucha con atención lo que le cuento de mi visión y su mujer dice que es una bonita historia.

Me parece sorprendente que, aunque lanzo rayos amarillos por los dedos, tiemblo, lloro y veo colores alrededor de la gente, ni los expertos en medicina ni mi familia me den por perdida a la hora de hilar cualquier pensamiento mínimamente lógico. El miedo a la posible reacción de mi marido y mis hijos ante mis experiencias no duró mucho. Sabía que las aceptarían con todo su cariño, como hice yo. Que creerían en ellas como creen en mí y que les asombrarían tanto como a mí. Un día Niklas, el mediano, hasta bromea a mi costa:

—En realidad, mamá, tiene su gracia que vayas por ahí, por España, hablando con Jesús y no me parezca raro.

—¿No te lo parece?

—No, la verdad es que no —asegura.

Mi hijo pequeño, Frederik, también se lo toma con mucha calma y dice que «es una cosa que les ha pasado a muchos a lo largo de la historia». Y el mayor, Sixten, dice que le recuerda a la experiencia cercana a la muerte que tuvo cuando tuvimos un accidente con el coche volviendo de esquiar en Noruega. Él tenía quince años, pero aún nos acordamos de aquellos días.

Eran cerca de las cinco y media de la tarde del martes 6 de enero de 2004, cuando el coche se detuvo y vi que el pequeño, que entonces tenía once años, estaba bien, que mi marido estaba bien, que el mediano, de doce años, estaba bien, pero que el mayor no estaba... Su cinturón de seguridad seguía allí, pero la luna trasera había quedado destrozada. Todo estaba muy oscuro. Había otro coche parado al otro lado de la carretera. No había nadie más herido. Un camión se acercó muy despacio. El conductor bajó rápidamente.

—Se me ha cruzado un perro y he aminorado bastante la velocidad. Tenía que ser un ángel —nos explicó mientras encendía todos los faros del camión para que pudiésemos emprender la búsqueda.

Mi hijo menor salió gateando del coche con la pierna totalmente torcida, rota, y se sentó en la nieve. El mediano se puso a recogerlo todo, recuperó los abrigos que estaban diseminados por la cuneta, que supongo que irían en la bandeja del maletero, y cuando terminó se acercó a su hermano pequeño y le abrazó.

De pronto oímos un grito.

—¡Está aquí!

Al otro lado del quitamiedos, mi hijo mayor yacía sobre la nieve en la pendiente que descendía hacia el lago. Estaba boca arriba. Sus ojos se movían sin ver y sangraba por la nuca. La nieve se oscureció. Se acercó más gente. Un hombre le echó por encima una manta de caballo. Despedía un olor intenso. Otro le colocó una almohadilla debajo de la cabeza. Más tarde mi hijo nos contó que se veía a sí mismo allí tirado y que al mismo tiempo se veía también en lo alto, encima de su propio yo, ambos cuerpos envueltos en una luz que no salía de él ni de ningún punto determinado.

–Abajo, en el suelo, estaba dentro de una de esas bolitas de cristal que si las agitas nieva –nos explicó–. No tenía miedo. Estaba a salvo. Algo o alguien me cuidaba. No era un ser ni nada, simplemente sentía que algo me tenía envuelto completamente.

Tras veinticuatro horas en el hospital de Kristiansand, lo trasladaron al de Ullevål, en Oslo, junto con su padre. Había que drenarle la cabeza para reducir la presión y el pequeño centro de Kristiansand no disponía de los medios necesarios. Nos despedimos de él.

Yo me fui en el *ferry* con mis otros dos hijos, el pequeño con la pierna escayolada. En Oslo mi marido confiaba plenamente en los médicos, pero el domingo nuestro hijo contrajo una pulmonía y me dispuse a salir hacia allí al día siguiente. Me estaba duchando el lunes cuando recibí la llamada. Había salido del coma y reconocía a su padre.

–Dios me ha dado la vida –dijo cuando, tras unos días en el hospital de Aalborg, volvió a casa de una pieza.

Eran palabras nuevas en una familia como la nuestra, pero es cierto, las dijo. Y antes de eso, el pequeño incluso las *sintió:* a pesar de sus fuertes dolores y del cansancio acumulado después de toda una noche viajando de vuelta desde Noruega a bordo del *ferry* en medio de una tormenta que nos impidió llegar a casa antes de las cuatro de la madrugada, a la mañana siguiente insistió en ir a la iglesia. La pastora –Hanne Krüger– y yo solíamos jugar al bádminton, y cuando la llamé para hablar con ella, Frederik dijo que quería acompañarme. Hanne vino a recogernos. Nos sentamos frente al altar.

–Quiero rezar una oración por mi hermano –dijo el niño.

–¿Quieres que busquemos una en el himnario? –propuso Hanne.

–Sí.

Después de largo rato hojeando el libro, eligió la compleja oración por los que sufren. Aquellas palabras debieron de parecerle novedosas, pero lo bastante grandes como para encajar con su pena y con su miedo. Cuando la pastora acabó de leerlas en voz alta, permanecimos en silencio largo rato. Yo pedí la bendición. Ella nos la dio y volvió a llevarnos a casa. Mi marido no encontraba consuelo en la iglesia, sino en la tranquilidad del hospital y en las ganas de vivir de nuestro hijo. Todos aquellos sentimientos tan intensos invalidaron cualquier cosa que hubiésemos aprendido hasta la fecha y nos dejaron desnudos, con una confianza hasta entonces desconocida en que alguien cuidaba de mi hijo y de nosotros, y nosotros nos cuidábamos unos a otros.

Cuando retomamos nuestra vida de siempre, volvimos a sumergirnos en una rutina programada conscientemente donde las cuestiones prácticas lo ocupaban todo. El accidente arraigó entre los cinco en forma de un gran cariño, pero ninguno dimos pie a que la fe, Dios, los ángeles u otros seres nos acompañaran de vuelta a nuestro día a día. Resulta difícil encontrar una razón precisa. Tal vez se debiera al simple ajetreo y a cierta timidez por nuestra parte ante lo incomprensible. No lo sé. Todos conservamos una enorme gratitud hacia la vida, pero nunca la expresamos con palabras.

No somos una familia exenta de roces, pero hemos pasado muchas cosas juntos, y las adversidades nos han acercado unos a otros con más fuerza. Por eso, cuando un día de mayo de 2009 empiezan a salirme rayos amarillos de las yemas de los dedos, el hecho de estar con mi hijo me tranquiliza infinitamente. Igual que verlo reírse sin soltar su taza de café, convencido de que todas estas cosas que me están pasando son mucho menos sorprendentes de lo que a mí me parecen.

—Lo que pasa es que eres como Alicia en el País de las Maravillas.

—¿Qué quieres decir? —pregunto.

—Te has colado por el agujero y has caído en otro mundo —contesta en un tono que revela lo sencillo que lo ve—. A lo mejor te ha ocurrido precisamente porque no esperabas que ocurriera. Porque no lo planeabas ni trabajabas en ello —elucubra.

Le preocupa más que haya visto algo que sucedió hace dos mil años que el hecho de que fuera precisamente Jesucristo y no otro.

—Los físicos están descubriendo que el tiempo no es como pensábamos, mamá —añade—. Existe una dimensión más allá de nuestro tiempo. Y ahí es donde has visto a Jesús.

Me quedo mirándolo. Un poco rebuscado, ¿no? ¿Su madre teniendo visiones, como si fuese una monja o Pablo de Tarso, en una dimensión desconocida? Al contrario que a él, que al igual que su hermano pequeño me hace notar que «le ha pasado a un montón de gente..., profetas y eso», a mí no me parece nada natural, pero sé que no puedo demostrarle que se equivoca. Al contrario: lo que me ocurre es la prueba de que está en lo cierto. Él retira las tazas y yo llamo por teléfono a mi hermana, que está en Londres.

−¡Qué maravilla! Claro, algo así solo podía pasarle a alguien como tú, cariño −dice tras escuchar la larga historia que, a pesar de lo unidas que estamos, aún no le había contado. Yo tenía quince años cuando ella, la menor del segundo matrimonio de mi madre, vino al mundo, y la cuidé cuando no era más que un bebé. Su alegría me toca de lleno en ese amor con el que siempre he querido mostrarme más generosa, pero también halaga mi vanidad. ¿Será que me lo merezco? Analizo mi vanidad. Sí, soy vanidosa y no me enorgullezco de ello, pero en medio de esta conversación de móvil a móvil a través de mar y aire, siento que he recibido un regalo.

No me siento una elegida. No lo percibo como algo que ni yo ni nadie pueda ganarse. Es algo que pueden darle a cualquiera y que esta vez, casualmente, me ha tocado a mí. Suena absurdo, lo sé, pero no quiero autocensurarme. ¿Cómo se supone que hay que vivir algo así? Como no soy capaz de orientarme en una u otra dirección, me limito a registrar fríamente lo que ocurre en mi cabeza y en mi cuerpo. Es chocante que Jesús no me exigiera una conducta especial a partir de aquel momento o que no alabase mis buenas acciones. Apareció ante mí, eso fue todo, y me mostró que mi existencia es algo bueno. Más amor, imposible, ¿verdad?

Mi encuentro con él ha cambiado mi forma de querer a los míos, le ha dado un nuevo rumbo. Ahora me hace más feliz verlos felices, aunque yo no forme parte de esa felicidad. Ni me ocurre todo el rato ni es la primera vez que me pasa, aunque ahora es algo mucho más hondo. Sigo siendo tonta, mezquina y necia. No sé si alguien se da cuenta de que ahora quiero de otra manera, pero tengo la sensación de amar al mundo entero y no solamente a quienes están conmigo. Me siento distinta; no otra, pero sí más yo, con un aura más intensa, como dice mi madre. O más luminosa, como lo formula la pastora Liselotte Horneman Kragh.

—Sí, supongo que sí —dice mi marido.

Tras la visión de febrero, puso sus cartas sobre la mesa:

—No lo entiendo, pero lo acepto. Sé que yo nunca tendré ese tipo de experiencias, pero no me parece mal que tú las tengas.

En casa me siento rodeada de amor y seguridad, no arrojada a la hoguera familiar ni apabullada por la ciencia; es más, noto el abrazo de los míos con una fuerza que ni siquiera sospechaba en ellos. Al mismo tiempo, es natural que ni mis más allegados muestren tanto interés como yo misma. Yo, que estoy a punto de estallar de anhelo. La fe tira. Una fe convertida en certidumbre. Este encuentro me llena por completo. ¿Por qué ocurrió? ¿Qué es lo que ha hecho de mí? ¿Quién es el hombre que vi?

Mi propio cuerpo arremete contra mí con todas sus energías. Los ejercicios no logran calmarme y mi marido dice que tiene la sensación de que deseo «estar lejos, muy lejos».

No le falta razón.

«El amor extático me ha enseñado
a no temer disolverme en la unidad.»

Cynthia Bourgeault

Enferma de amor

A mediados de mayo de 2009 estoy casi desnuda frente al espejo del probador de Gazata, en el barrio de Østerbro de Copenhague. En las perchas de la tienda hay vestidos de Joseph, Elise Gug y Malene Birger. Mi madre y mi hermana me eligen encantadas uno detrás de otro mientras parlotean con Nicole Marchand, la propietaria. No es la primera vez que venimos.

Yo, detrás de la cortina, guardo silencio y no sonrío. Estoy aterrorizada delante del espejo, a punto de venirme abajo. Los rayos amarillos me chorrean de los dedos y yo tengo que continuar con mi trabajo, la vida cotidiana sigue adelante, pero el estado en que me sumió la visión de febrero me ha colmado todo el cuerpo y ahora es perfectamente palpable. Me llena de alegría y a la vez me trastorna ir por ahí sabiéndome, sintiéndome y percibiéndome amada por un hombre como no hay otro. A pesar de que él estuvo en este mundo hace mucho, muchísimo tiempo, mi amor por él es actual y tan agotador como suelen serlo estas cosas. No, más agotador. Porque me tensa hasta dejarme con la cabeza a punto de estallar. Él fue y es y no fue y no es, y ¿qué es todo esto? Mi realidad ha crecido a tal velocidad que ya no tiene espacio en mi cuerpo menguante.

Cuando me miro al espejo, veo la talla cuarenta que tengo hace varios años, de modo que me niego a probarme el estrecho vestido que me pasa Nicole. Estoy nerviosa. Insegura, ofendida. ¿Es que no se dan cuenta de que esto no funciona, como no ha funcionado los últimos diez años cada vez que he pretendido comprarme ropa que refleje quién soy y al final no he tenido más remedio que llevarme la única que me valía?

—Yo ahí no quepo —le gruño a Nicole. Con tan malos modos que en mi siguiente viaje a Copenhague paso por la tienda para pedirle disculpas. Me avergüenzo de mi rabia, de ser tan patética, tan tonta y tan egocéntrica. Me avergüenzo de no saber aceptar que los demás se alegren porque me ven bien. También físicamente. He perdido quince kilos y quepo en un vestido de seda rosa pálido, fucsia, blanco y negro.

—Estás preciosa —dice mi hermana.

Y yo me aventuro a aceptar el cumplido, que se ciñe a mi cintura, donde más blandita estoy. Me llevo ese vestido y otro, uno gris claro, vaporoso, también de seda. Compro ropa interior nueva, encajes blancos y negros, azules y rojos, zapatos nuevos una talla más pequeños que hasta ahora, de tacón; mi actitud ha cambiado, he colgado el traje sastre y he sacado los vestidos, elijo colores amables y dejo de lado el negro y la ropa de ejecutiva.

Desde la primera visita a Úbeda, en noviembre, tengo menos apetito y la tabla de ejercicios para la espalda que llevaba años haciendo se ha visto ampliada con sudorosas sesiones de bicicleta elíptica; hay que sacar la energía. Un día, una compañera se pone muy agresiva y me reprocha a gritos en medio de la cafetería:

—Anda que no tienes que estar pasando hambre, hay que ver lo que pueden llegar a hacer estas adictas a la moda.

Mucha gente se cree con derecho a dirigirse así de directamente a mi interior solo porque mi exterior ha cambiado. Yo empatizo con la gente que tiene problemas de sobrepeso. Todas las dietas y las miraditas de desprecio son una agresión en su contra. Duelen. Tanto como los golpes. Algunas de las ofendidas se dominan y admiten que ellas también intentan perder peso, pero yo no puedo ayudarles y darles los consejos de nutrición y ejercicio que me piden. Solo en el mes de diciembre adelgacé siete kilos. Es como si ya no necesitara comer para tener energía. Yo siempre he comido mucho y me he movido mucho, pero ahora, además, estoy continuamente en modo *on*. Por dentro soy toda ruidos y juegos, cosquilleos y hormigueos, es como tener catorce años y estar enamorada, pero a la vez ser madura y consciente de lo que pueden hacer los cuerpos. Estoy permanentemente a la expectativa. Como en un flirteo eterno.

—Eres un regalo para cualquier hombre —me dicen en una comida de trabajo; y yo me empapo en cumplidos. Como bajo una ducha, los siento como gotas sobre la piel, tan fina que apenas llega a cubrirme. Solo cuando la falta de sueño me agota, me asusto de mi propia vanidad y de un mundo que, de repente, es un hervidero de hombres atractivos. Me confunde ser objeto y sujeto de mi cuerpo y del de otros al mismo tiempo.

¿Por qué ahora? ¿Por qué solo ahora asumo mi cuerpo y me hago con él? ¿Será porque ya no tiene que dar vida a más hijos? ¿Porque ahora es libre? ¿Será la edad?, me pregunto. ¿Serán la sociología, la economía, la química, la biología, las hormonas?

Todo a la vez, según la doctora Charlotte Bech, autora de libros como *Hormonas en equilibrio,* acerca de la menopausia. A ella no le cuento, como a los demás expertos, lo que me ha ocurrido, pero le hago una entrevista más general para una serie de artículos sobre «señoras y triunfadoras», como las bautiza un compañero. Nos bautiza.

«En estos momentos estamos viendo la primera generación de mujeres de cincuenta años que son conscientes, han recibido una formación y siempre han sabido llevar una vida sana. Y no han desperdiciado sus aptitudes. Están tan fuertes, tan sanas y tan delgadas que en realidad tienen bastante más energía que muchas mujeres más jóvenes», asegura la doctora, que considera que las mujeres adultas «rebosan energía vital».

«De ahora en adelante, cobrarán tanta fuerza que desplazarán a esa juventud que durante décadas ha sido el centro de atención», decía el profesor de sociología de la Universidad de Aalborg Michael Hviid Jacobsen en la misma serie de artículos sobre esas mujeres, a las que ha bautizado como Generación Q. «Se trata de la mayor revolución de nuestra época», asegura.

¿Será que estoy tomando parte en esa revolución y nada más? Encajo en todo, pero también sé que todo esto va más allá de este exceso de energía —en parte de origen social— que me desborda. Las explicaciones solo son válidas para una parte de mi realidad. Esa realidad que me he visto obligada a dividir en dos.

Al primer nivel lo bautizo con el nombre de *nivel de la actividad*. Es donde la mayoría pasamos más tiempo. Donde trabajamos, funcionamos, somos prácticos, ciudadanos, hacemos la limpieza, salimos a correr por el bosque, y en medio de todo eso también podemos zambullirnos de cuando en cuando en el otro nivel, el *nivel de la intimidad*. Donde se produjo el encuentro. Donde amamos, desaparecemos, rezamos, meditamos, llevamos bebés a cuestas, nos vemos unos a otros, conversamos con amigos y familiares, reímos con los demás en pequeños destellos de comunión.

Mi intimidad puede llegar a ser tan intensa que de niña me hacía temblar y sentir náuseas cuando las puertas de mi interior quedaban abiertas. Requería y requiere grandes esfuerzos volverlas a cerrar. Pero aprendí a hacerlo. No me estresa, en cambio, reposar prolongadamente en la intimidad, y los numerosos consejos y métodos no sirven de gran cosa. El *mindfulness,* por ejemplo. Y eso que para muchos resulta muy efectivo. El danés Janus Christian Jakobsen, que investiga la medicina basada en la evidencia en la Unidad de Ensayos de Copenhague del Rigshospitalet, ha leído todo lo que los científicos han publicado sobre la materia y su conclusión es que funciona.

«Nuestros estudios demuestran que el *mindfulness* produce un efecto en cerebros entrenados», confirmó a *Videnskab.dk*.

Para mí eso no es más que la primera parte. Vaciar la cabeza, por así decirlo. Es bueno ver los propios sentimientos desde una cierta distancia sin dejarse abrumar por ellos, pero pretender decidir lo que se tiene por dentro no deja de ser una expresión de egolatría. Es, además, una forma de autocontrol. Y lo que ocurre es que si yo me hubiese vaciado, no habría visto a Jesús. Habría sido un encuentro hueco con una luz, un bienestar, algo que en lugar de requerir sentimientos e intelecto, pensamiento y acción, se habría limitado a darme fuerzas para hacer acopio de la energía suficiente para después poder ser razonable y eficiente de acuerdo con las premisas de mi vida actual.

Cuando reposo a salvo en el nivel de la intimidad, siento cómo me relajo, porque sé que soy solamente otra más de la fila, del género humano, en el que hay quienes han sido mucho más sabios que yo y pueden guiarme. Me tranquiliza saber que Dios está detrás de todo, como escribió Peter Dass (1647-1707) en su himno *Señor Dios, tu nombre y gloria sean:*

Dios es Dios, ya esté el orbe desierto,
Dios es Dios, ya caigan todos muertos.

Se podría tomar mi falta de confianza en el *mindfulness* por falta de autoestima. No lo es. Lo que ocurre es que no creo que las personas seamos semidioses capaces de encontrarle un sentido a todo, una respuesta a todo. Y esa forma mía de ver el mundo puede hacer que parezca insegura.

Pero no se trata de falta de autoestima. Es respeto al hecho de no ser más que una persona amada y que ama, y que necesita ayuda para seguir adelante. Esa certeza creció, se iluminó y arraigó cuando Jesús se quedó mirándome como lo único que soy. No un ser *mindfuldnesseado* con todo bajo control, sino una persona llena de fallos, carencias, inseguridad y dudas. Ese es el tipo de persona que soy, que puedo ser, que tengo que ser. De haber sido una mujer controlada que sabe dominarse, y haber conformado, por ejemplo mediante el *mindfulness*, el espacio en el que me he abierto, habría sido mi espacio. No el suyo. Yo habría tenido el control y no lo habría soltado. Y no le habría visto.

En mi encuentro, me adentro con él y con miles de personas más en una intimidad que es mía y de otros al mismo tiempo, y es esa sensación de no ser única lo que me permite estar en paz conmigo misma. La sensación de que no soy un ser extraordinario que comienza de cero en este mundo, sino, al contrario, alguien que ya lleva dentro algo que la une a los demás. A los que han vivido antes, a los que están por llegar. Ahora sé que encierro un contenido, un recuerdo colectivo, una experiencia atemporal, otra dimensión, o como quieran llamarlo. No solo una mente vacía y relajada. Al revés, mi mente está atestada. Hasta arriba. De amor.

Me detengo de nuevo, porque empiezo rozar el límite de ese lenguaje que ni yo misma entiendo. Atestada de amor. ¿Es eso posible? Al recordar el encuentro, caigo en el mismo estado que aquel miércoles en Úbeda. Me siento capaz de comprender al mundo entero como él me comprendió a mí. ¿Será eso amor? De nuevo tengo que contenerme, porque es una palabra que da pie a asociaciones muy poco afortunadas y no tardo en empezar a mofarme de mí misma. ¿Cómo se me ocurre? ¿Qué me hace pensar que merezco ser amada? Lucho por seguir presa de la sensación que me invadió durante el encuentro en la sacristía.

Él fue indulgente conmigo. ¿No debería serlo yo también, conmigo misma y con otros?

La indulgencia es una parte importante del amor. La indulgencia para con uno mismo y para con los demás. Requiere saber perdonar. Es como aprender a vivir con quienes somos, como se dice en el mundo de la psicoterapia y como intenté hacer con una terapeuta cuando mis tres hijos eran pequeños y yo estaba convencida de ser una mala madre. No consiguió llegar hasta mí, y hoy creo saber por qué. Creo que la razón es que por aquel entonces me negaba a aceptar que el hecho de que yo existiera era algo bueno.

La existencia era algo que tenía que ganarme a través de los actos adecuados. Cuando Jesús me miró, pasó por alto todos mis actos para verme solo a mí, y me enseñó que era bueno que fuese tal como soy. Si se perdona y se sabe que se será perdonado, como dicen en el mundo de la fe, se contrae el deber de obrar lo mejor posible con los demás, para que no tengan que perdonarnos innecesariamente. Empiezo a entender por qué conceptos como perdón e indulgencia ocupan un lugar tan destacado y por qué son opuestos a venganza e intolerancia. Por qué hemos de poner la otra mejilla, una de las cosas que más me ha costado enseñarles a mis hijos.

—¿Por qué no puedo devolver el golpe? —me preguntaban una y otra vez. Yo solo podía contestarles que eso sería el cuento sin fin. Pero es mucho más que eso.

También es enseñarse a uno mismo que el perdón es lo más grande. No de manera inmediata y en términos de poder, porque a menudo el más fuerte ganará la pelea y se quedará con el contrato millonario, pero sí en el sentido de que no se puede amar sin perdón ni indulgencia. Y ¿quién no quiere llegar a amar algún día en su vida? He tenido ocasión de aprender de primera mano que los sistemas, las religiones y las ideologías absolutistas van radicalmente en contra de esa forma de amor que hubo en aquel encuentro en la sacristía. Hace ya mucho tiempo que decidí que cualquiera tiene derecho a sus propias convicciones desde la convicción de que cualquiera es libre, pero hasta ahora no había comprendido ni sentido lo hondas que son las raíces de esa idea en mi interior. Ahora me doy cuenta de que mi rechazo –formulado políticamente y también instintivo– a cualquier tipo de pensamiento totalitarista guarda relación con el hecho de sentirme amada sin reservas. Si él me ama tal como soy, ¿quién soy yo para juzgar a otras personas?

Se podría decir que ninguno de nosotros está en condiciones de tirar la primera piedra, pero que todos tenemos la obligación de tratar de comportarnos lo mejor posible, aun a sabiendas de que no lo lograremos al cien por cien. Esa es precisamente la cuestión. El que puedan amarme sin necesidad de que sea perfecta me enseña que todas las personas tienen derecho a ser amadas, aunque no sean perfectas. Y no solo tienen el derecho, sino que las aman, como me aman a mí.

Esta nueva perspectiva vive en mi cuerpo. Es un conocimiento físico. Una alegría física. La alegría de estar viva, de tener la vida entre mis manos, de haber estado allí, viéndolo, y tener ahora un cuerpo que se estremece de gozo. El cuerpo es la morada de la alegría. Él tenía cuerpo. Él tiene cuerpo. Yo tengo cuerpo. Cuando me acuesto desnuda, cuando las sábanas blancas han estado al sol y huelen a aire del norte, el anhelo de que vuelva a colmarme es tan intenso que llega a asustarme. Es visible. A algunos les espanta, a otros les atrae mi cuerpo encendido. Mi cuerpo que quiere.

Mi marido está abrumado y se parapeta; me siento tan herida, tan rechazada, que no puedo resistirlo y compro un billete para España. Quiero redimirme. Sé que todo está relacionado, que mi energía erótica tiene que ver con la visión, que esta sensación de estar enamorada del mundo entero es digna de un cantar.

El Cantar de los Cantares forma parte del Antiguo Testamento y siempre se ha prestado a muchas lecturas. A primera vista, se compone de una serie de poemas profundamente eróticos, aunque los judíos sostenían ya desde el origen del texto que se trata de una metáfora del amor de Dios a Israel. Esta interpretación alegórica ha permitido su supervivencia en una Biblia totalmente desprovista de erotismo, aunque no sin dar pie a un acalorado debate.

Orígenes, a quien se considera uno de los padres del cristianismo tal como lo vivimos hoy, escribió en el siglo III nada menos que diez volúmenes a propósito del Cantar de los Cantares. En ellos sostenía, dicho en pocas palabras, que ese reducto erótico solo podía y debía entenderse espiritualmente y verse como un relato acerca de la relación entre Jesús y cada cristiano.

Martín Lutero (1483-1546), fundador de la Iglesia protestante —presente en Dinamarca y que ve la relación entre Dios y los hombres como algo directo, sin sacerdotes católicos que actúen como intermediarios—, tampoco era demasiado partidario de entender el Cantar de los Cantares al pie de la letra. Él también se aferró a su interpretación alegórica, a pesar de que proclamaba que el resto de la Biblia podía leerse de forma mucho más concreta de lo que se había hecho hasta entonces.

El capítulo segundo del Cantar de los Cantares dice, entre otras cosas:

Me llevó a la casa del banquete,
y su bandera sobre mí fue amor.
Sustentadme con pasas,
confortadme con manzanas;
porque estoy enferma de amor.

Su izquierda esté debajo de mi cabeza,
y su derecha me abrace.
Yo os conjuro,
oh, doncellas de Jerusalén,
por los corzos y por las ciervas del campo,
que no despertéis ni hagáis velar al amor, hasta que quiera.

Es una descripción física concreta de todo lo que he vivido y sentido. Entra en conflicto con todo cuanto tiene importancia para la Iglesia. Pero la propia Biblia describe el despertar de todos mis sentidos, la sensibilidad a los olores, la luz y los sonidos, al vestido de seda contra mis muslos, a las palabras duras de los demás.

El 19 de mayo, día de mi cumpleaños, salgo rumbo a España en un viaje que combina obligación y devoción. Tras dos días trabajando, me dirijo a Úbeda. Voy sonriente en el autobús, hace sol, las rectas hileras de olivos retorcidos van quedando atrás, los pasajeros parlotean en español y yo hablo de flores y de nietos con mi compañero de asiento. Pero no le cuento que he venido en busca de información sobre el lugar donde he conocido al hombre de mi vida.

«Mas yendo por el camino, aconteció que al
llegar cerca de Damasco, repentinamente le
rodeó un resplandor de luz del cielo;
y cayendo en tierra, oyó una voz que le decía:
Saulo, Saulo, ¿por qué me persigues?
Él dijo: ¿Quién eres, Señor? Y le dijo:
Yo soy Jesús, a quien tú persigues.»

Hechos de los Apóstoles 9

¿Quién era ese hombre?

«In the name of love», vocifera Bono a propósito de Martin Luther King y su muerte *«early morning, April 4»*, pero el vocalista de U2 también habla de *«one man betrayed with a kiss»*, y yo grito con él, aunque los auriculares de mi iPod rosa me impiden oír mi propia voz.

Es la tercera vez que estoy en Úbeda, contando con la primera visita de noviembre y el encuentro con Jesús en febrero. Es 21 de mayo, dos días después de mi cumpleaños.

Estoy echada en la cama del pequeño apartamento que hay en el último piso encima de La Casona del Losal. Aunque ya es mayo, aquí aún hay estorninos, no todos han partido rumbo al norte. Hay enormes bandadas en los caballetes de los tejados, balanceándose en parabólicas y demás antenas y en las tejas arqueadas de la cúpula que asoma por detrás de la casa donde me alojo. No oigo el trisar y el chirriar de los estorninos, parezco una adolescente escuchando música a todo volumen mientras hago los deberes en la cama. Tengo tanta energía que puedo oír, leer, sentir, comer, reír y jugar, todo al mismo tiempo.

Estoy leyendo *El proceso de Cristo,* de Jes Bertelsen, un libro que me regaló Michael Stubberup cuando fui a Aarhus a verlo en primavera. Bertelsen distingue entre un cristianismo *exotérico,* la proclamación al mundo exterior, como en las Iglesias católica y protestante, y un cristianismo *esotérico,* la dimensión interior y mística.

Son palabras complejas que, para facilitar también mi propia comprensión, traduciré a un lenguaje más llano diciendo que el cristianismo exotérico es el que encontramos en la Iglesia mientras que el esotérico es nuestra propia experiencia a través de, por ejemplo, la oración. Ahí es donde se enmarcan mis vivencias. Es decir, mi sitio está en la parte más mística del cristianismo. No mística en el sentido de misteriosa o incomprensible, advierto rápidamente, sino entendida como algo interno y profundo, experimentado personalmente y reconocido. Algo muy diferente a sentarse en una iglesia para que el oficiante nos lea el sermón. Un sermón escrito con palabras que se dicen para todos.

No hay necesariamente una oposición entre estas dos maneras de ser cristiano, las creencias son las mismas, pero sí puede haber grandes diferencias, como el conflicto de base entre una Iglesia —ya sea católica o protestante—, con rituales establecidos y reglas que hay que observar y cumplir para ser un auténtico creyente, e infractores como yo, que se reúnen con Jesús por cuenta propia al margen de cualquier institución oficial.

Hay confesiones cristianas más abiertas a la mística que otras. El protestantismo es renuente, mientras que los católicos reconocen milagros y testimonios sobre encuentros con María. A pesar de mi escasa formación espiritual, todo eso lo sé. Pero Jes Bertelsen escribe que lo que le ha llevado a reconocer la existencia de una «dimensión consciente continua» han sido sus propias experiencias.

Para mí esa dimensión consciente continua es mi encuentro con un hombre que vivió hace dos mil años y a la vez estaba andando justo delante de mí, de modo que también he experimentado por mí misma la existencia de eso que él llama una «dimensión consciente continua». Si es demostrable o no, para mí eso es secundario, porque es una realidad en la que me encuentro a la vez que los turistas italianos de la sacristía. La luz, los árboles, su túnica, el color de sus ojos, no me los invento estando allí sentada. Están ahí. Él está ahí. Al mismo tiempo que yo. Son dos tiempos al mismo tiempo.

No paso de la página doce, tengo que dejar el libro para que no se me escapen las ideas; me reconozco en él mucho más que en cualquier otro texto que haya leído hasta ahora. Me quito los auriculares de los oídos y leo en voz alta:

—«Cuando una persona de manera espontánea, ya sea por la meditación, por la oración o por otros medios, abre su conciencia más allá del horizonte del yo, puede encontrar el ser de Cristo».

Está hablando de mí. Leo varias veces esas primeras páginas. En aquel encuentro éramos dos: Jesús y yo. Yo soy la que «de manera espontánea» abrió su conciencia. Y entonces lo encontré a él, vi al hombre que más trascendencia ha tenido para el mundo a lo largo de los últimos dos mil años. Poco a poco empiezo a comprender por qué Bertelsen tiene una visión de la resurrección distinta de la habitual, que yo tampoco logro que acabe de encajar con la mía. Yo no vi a un Jesús muerto que una vez existió, me encontré cara a cara con un Jesús vivo que aún obra, aún camina, aún habla. Jes Bertelsen dice que él no ve el proceso de Cristo como la vida y la muerte de Jesús y un açontecimiento que pone en marcha otra serie de hechos. Tampoco lo entiende como si Jesús muriera, resucitara y continuase viviendo en otra dimensión desde la que interviene o no, o de la que un día vaya a regresar. Para él, Jesús tampoco es, como podría deducirse de varios pasajes de la Biblia, alguien que primero vive en una dimensión divina y luego baja hasta nosotros para volver a ascender después una vez más.

—«El proceso de Cristo describe la idea de que la conciencia y la energía que se manifiestan por vez primera en la vida y la obra de Jesús siguen manifestándose perennemente, incidiendo en individuos aislados, además de en la marcha evolutiva de la historia» —leo, helada, tanto que tengo que levantarme a buscar mi rebeca amarilla. Esa rebeca amarilla, sí. La misma que llevaba en febrero durante el encuentro en la sacristía.

Bertelsen describe tres niveles de visiones: visiones individuales, visiones de varias personas al mismo tiempo y visiones donde todos los presentes ven lo mismo, a Dios. Como cuando Jesús, según el Evangelio de Mateo, sube con Pedro y con los hermanos Santiago y Juan a la cima de un monte alto, tradicionalmente considerado el monte Tabor. «Y se transfiguró delante de ellos, y resplandeció su rostro como el sol, y sus vestidos se hicieron blancos como la luz. Y he aquí que les aparecieron Moisés y Elías, hablando con él.» Y entonces se oyó «una voz desde la nube, que decía: Este es mi Hijo amado, en quien tengo complacencia; a él oíd».

Me quedo dormida. No tengo miedo como los discípulos en el monte. Al contrario. Me siento completamente a salvo.

Al día siguiente vuelvo a reunirme con el guía Andrea Pezzini. Me confirma que ha concertado una cita en mi nombre para más tarde con don Fernando, el capellán que todos los días se prepara y se cambia en la sacristía y dice misa en la capilla, y con el historiador Joaquín Montes Bardo, que ha escrito varios libros sobre Úbeda en general y sobre la sacristía y la capilla en particular. Pedimos un café sentados al solecito de la mañana. Con leche para mí. Cortado para él. Me recorre un escalofrío; estamos en una zona de interior, en una montaña, a 740 metros de altitud. Aquí hace frío de noche y calor por la mañana, la temperatura cambia muy rápido. Lo mismo hacemos Andrea y yo, un rápido buenos días, dos besos, un breve intercambio de palabras sobre asuntos banales y enseguida abordamos ese tema que no compartimos con nadie más. Él vio cómo me ocurría. Lo sabe todo. Lo ha sentido en carne propia. No hay motivo para soltarle largos discursos con los que defenderme. Le hablo del libro que estoy leyendo. Asiente.

—Justo lo que aparece en el altar de la capilla.

—¿A qué te refieres?

—La transfiguración en el monte.

—No me había fijado.

—Pues lo conté en la visita la primera vez que viniste, pero, claro, estarías tan ocupada resplandeciendo que no lo oíste. —Me toma el pelo. Después prosigue—: Eso sí, la coincidencia es increíble, ¿no? *Unbelievable*. Pero, bueno, entonces la visión que tuviste estaría en el primer plano espiritual y lo que hay en el retablo serían los otros dos planos. Pedro, Santiago y Juan viendo transfigurarse a Jesús. Y luego todos los que ven y oyen a Dios, ¿no?

—Sí, eso creo. Eso siento, sí —acabo por decir.

Él se echa a reír.

—Eres la única persona que conozco capaz de sentir lo que sabe. Aunque, por otra parte, tampoco conozco a nadie más que haya tenido una visión como la tuya —admite.

Ver cómo me ocurría lo que me ocurrió fue un duro revés para la racionalidad de Andrea.

—Es que, aunque no soy capaz de explicarlo, no puedo no creer en algo que he visto con mis propios ojos. Por eso nunca le había encontrado tanto sentido a ese retablo como ahora. Ya no es solo una pieza histórica. Está vivo, no es un relato cerrado. Ahora que te conozco, explicar ese retablo es totalmente distinto para mí —asegura.

Luego hablamos de lo que significa que el protagonista de mi visión fuera precisamente Jesús.

—Ante todo, a quien vi sigue siendo él, que es una persona. Una persona divina —le explico.

No Dios, sino una persona. Un encuentro de tú a tú. El hecho de que se trate de alguien como yo es lo que hace que tenga que ver conmigo. Forma parte de mi mundo.

No es un marciano, sino un hombre que vive en el mismo mundo que yo.

–No estoy pensando en Dios. No se me había ocurrido antes, y eso que hoy en día mucha gente insiste en eso de que hay un dios en todas las cosas. Yo, en cambio, no lo veo así. Lo que más me conmueve es que fuera una persona, igual que yo, y haber hablado con él. Como si algo en mi interior hiciese posible que me comunicara con él –continúo. Imagino que a eso se refiere Jes Bertelsen cuando dice que algunos tenemos acceso al nivel espiritual en nuestro interior.

Aún no termino de entender cómo es posible que vaya por ahí tropezándome con Jesús y no con cualquier otro que esté en el mismo nivel, pero al hablar de ello nos damos cuenta de que precisamente eso es lo que hace que Jesús sea Jesús. Que se puede estar con él.

–Para mí esa es la prueba de que es distinto a los demás. A los que iban con él los veo porque van con él –acierto a decir.

El sol me abrasa la nuca. Me recuerda a las horas inmediatamente posteriores a la visión, cuando paseábamos por la calle hablando de lo que acababa de suceder. En aquellos momentos mi nuca se convirtió en un punto muy íntimo, pero ahora el sol es tan fuerte que nos vemos obligados a mover las sillas rojas de plástico hasta quedar protegidos por las sombrillas. Aprovecho el jaleo para sacar un librito de arte que compré en Granada de camino hacia aquí. En la portada no pone más que *Jesus*. Es de Priya Hemenway, una fotógrafa canadiense autora de varios libros sobre las grandes religiones y sus imágenes, sobre todo las orientales. No la conocía; escribe textos muy cortos y yo solo compré el libro porque incluía muchas fotografías de Jesús y pensé que a lo mejor alguna se le parecía. Y así era.

—Enséñame la foto, que yo no lo vi —me pide Andrea.

Le muestro *Vocación de los primeros apóstoles,* un fresco pintado por Domenico Ghirlandaio en la Capilla Sixtina. Se le parece bastante.

—Pero el hombre que yo vi estaba más vivo —le explico.

Al oírme, Andrea sonríe y luego se echa a reír a carcajadas haciendo que desde las mesas contiguas se vuelvan a mirarnos. Yo me río con él.

—Sé que suena absurdo, pero es así. Sé que está vivo. En alguna parte.

Hablamos de todas las investigaciones sobre si vivió o no, si nació un 25 de diciembre, si hubo una gran estrella sobre Belén tal o cual año, si su sepulcro está en el Gólgota o debajo de la iglesia.

—Para mí no es determinante si todo lo que dice la Biblia es demostrable. Me parece bien que alguien decida dedicar su tiempo a intentarlo, pero yo le he visto, así que todo lo demás me da lo mismo. Lo que sé ahora que he estado con él supera a cualquier cosa que puedan haber escrito —digo.

Es un intento de desenmarañar en inglés algo que a duras penas logro formular en mi propio idioma.

—Siempre andamos tratando de encajarlo todo en demostraciones científicas, pero con el tipo de conocimientos que he adquirido a raíz de la visión eso es imposible. Lo que hizo con quienes lo conocieron hace dos mil años y lo que ha hecho conmigo y con todos los que lo hemos visto después es tan fuerte que demuestra que no es un hombre corriente. Por eso no podemos incluirlo en una ecuación con los factores que conocemos, esos factores que normalmente usamos para probar, por ejemplo, qué ocurrió en el pasado y qué ocurre ahora. No podemos tocar su cuerpo ni su sangre, ¿verdad? Ni podemos hablar con los enfermos que curó ni investigar a quienes escribieron lo que les habían contado. Pero tampoco importa –proclamo.

Andrea, asombrado, hasta ahora no ha logrado meter baza y se limita a asentir.

–Además, no creo que seamos capaces de inventarnos historias tan parecidas ni seguir creyendo en ellas si no son ciertas. Esa historia la llevamos dentro. Como si Jesús estuviera en todos nosotros o formara parte de una especie de conciencia colectiva. No es posible que una historia como esa circule por ahí durante tantos años a no ser que sea especial y además tenga una forma especial también. Las Iglesias son fuertes; el dinero y el poder son capaces de muchas cosas, y los políticos y demás hombres influyentes pueden seducirnos con sus cuentos de éxito y riqueza, pero eso no es lo único que mueve a las personas –prosigo.

–Estoy de acuerdo contigo –logra decir Andrea antes de que yo continúe.

–Nos impulsa algo más grande. Ya antes de la Biblia escribíamos y contábamos historias muy parecidas unas a otras. Nosotros aspiramos a algo más que los animales. No queremos simplemente saciarnos y estar a gusto. También queremos saber por qué existimos y cuál es nuestro propósito en esta vida. Eso es lo que nos hace humanos. Esa es la posibilidad que nos da la fe. En la Biblia hemos recogido todo lo que sabemos sobre la existencia, unos conocimientos que no son reglas, pero que a veces nos exigen tanta actividad intelectual y experiencia vital que no somos capaces de comprenderlos. Y no vamos a serlo, porque hemos de esforzarnos, porque aún no hemos llegado hasta ese punto. Porque seguimos siendo, discúlpame, tan idiotas que creemos saberlo todo y que todo tiene que encajar en nuestro modo de ver el mundo tal como lo vemos hoy, en este presente en el que todo ha de entenderse como leyes matemáticas. Tal vez en otro tiempo fuimos más listos que ahora. Tal vez supiéramos más de la vida cuando no creíamos que lo sabíamos todo y que podíamos controlar la naturaleza. Cuando, tal como nos enseña la Biblia, teníamos historias sobre la vida y la muerte que hoy en día no nos caben en la cabeza porque no nos dan respuestas inmediatas, aunque reconocemos que hay algo que no sabemos, no conocemos, no controlamos. Lo llamamos fantasías, pero en realidad puede que lo que ocurra es que los seres humanos de hoy en día nos hemos llenado la cabeza con un montón de datos concretos porque estamos cada vez más ocupados en saber más y más para tener más y más... dinero, comida, cuadros, lo que sea...

—*¡Jesús, María!* —exclama él entre aspavientos, jugando con el contraste entre esta expresión corriente y la gravedad del asunto que estamos tratando—. Hablas de Jesús como si fuese un amigo bueno y sabio.

—Y lo es. Sí, justamente eso es lo que es. Jesús es la historia perfecta para hacerme pensar en algo más que cuentas, comida y candeleros nuevos. El hecho de que sea una persona de carne y hueso como nosotros hace que podamos empezar a comprender con más facilidad que la vida es mucho más que eso. No podemos evitarlo. Yo, por lo menos, no puedo —aseguro.

No dejo de pensar mientras hablo que, aunque Andrea y yo distamos mucho de ser teólogos, aquí estamos, en estas sillas de plástico que el sol ha decolorado, buceando en lo más hondo de la fe.

—Al mostrarse ante mí como persona, me demostró que las personas podemos ser como él. No lo somos, desde luego, pero sí me descubrió que no nos conocemos demasiado bien. El hecho de poder verle me enseñó una capacidad, una posibilidad, un modo de vivir la vida que yo ni siquiera intuía que llevaba en mi interior. Me enseñó que yo también llevo dentro una conexión que me liga a otras épocas, a otras personas. A él. A una eternidad, podríamos decir. En cualquier caso, a un tiempo que va mucho más allá del mañana.

—Pero no sería solo una persona, ¿no? —bromea Andrea.

—No —contesto yo, sonriente y a la vez muy seria, y por fortuna segura y liberada de esa presión tanto interna como externa que con frecuencia me impide conceder demasiado valor a mis propias ideas.

Hay quienes se atreven a poner por escrito pensamientos semejantes a este diálogo nuestro en la plaza.

En su libro *El Jesús histórico,* Per Bilde —historiador de las religiones, catedrático y doctor en Teología— va directamente al grano desde la primera frase: «¿Quién fue Jesús?».

Ya en la siguiente pregunta nos aproxima a lo mucho que se parecía a todos nosotros: «¿Se consideraba Jesús divino?». Desde un punto de vista teológico resulta interesante, pero mi camino hacia la fe no está empedrado con locuaces pruebas de si era o no hijo de Dios o se veía como tal. Eso no es lo que me fascina. Una vez que he podido verle como le vi, no me hacen falta más pruebas.

Si no puedo creer en mí misma, ¿qué me queda? Sin embargo, aunque no necesito de palabras que convenzan ni refuten, las de Bilde son centrales para mí. Si Jesús dudó, entonces hasta la duda es una de las condiciones inherentes al ser humano, como él quiere enseñarnos. Y si quiere enseñárnoslo, ¿no será porque es bueno ser humano? Así se convierte de veras en uno más de nosotros. En alguien como yo. En alguien que instintivamente teme los totalitarismos capaces de dictar reglas y dar respuestas unívocas para todo. Que teme a quienes creen que el hombre ya lo sabe todo.

Si el propio Jesús dudaba, entonces es que era humano. Por eso es tan íntimo y tan grato hablar de él, leer sobre él. Al fin y al cabo, es alguien que conozco y resulta agradable saber un poco más de él. Es muy sencillo. Él no es mi novio, pero sí un amigo que me importa tanto que la magnitud del sentimiento de comunión que me inspira recuerda el del matrimonio. A veces aún mayor. Es una relación hondamente personal que, a la vez, me une a la historia, al mundo, a todo.

Como dice Andrea, es mi amigo. Lo mismo le ocurre al sueco Jonas Gardell, célebre cómico y escritor que deseaba hacer un «libro estrictamente objetivo», pero que se encontró con que «la tarea resultó ser imposible». Por eso *En torno a Jesús* es un vertiginoso *tour de force* por su propia vida junto al hombre en quien él también cree.

«¿De qué manera somos quienes somos?», se pregunta Jonas Gardell. «¿Y si Jesús tampoco lo supiera? ¿Y si también para él todo hubiera sido un proceso igual que para nosotros? Hay quien piensa que es una idea blasfema. Yo la encuentro alentadora.»

Estoy de acuerdo con Gardell cuando dice que los Evangelios no nos proporcionan una teología inamovible y segura, sino que son textos redactados por personas que «luchan continuamente por expresar con palabras, explicar e interpretar qué conlleva el encuentro con Jesús».

Andrea y yo estamos intentando explicar e interpretar este encuentro una mañana en Úbeda tras dejar nuestra vida laboral y familiar para consagrarnos a este extraño proyecto de expresar con palabras algo que no comprendemos. Y no resulta sencillo, sobre todo en un idioma que no es el suyo ni el mío. Aunque el inglés es un buen punto de encuentro, cada vez que nos acechan las dudas y las honduras recurrimos mentalmente al danés y al italiano e intentamos traducir. Hacemos muchos esfuerzos. Y comprendemos. Como yo comprendí lo que me dijo Jesús, aunque no sé una palabra de arameo. Pero por eso mismo, cuando no se entiende todo de buenas a primeras, se escucha con más empeño, también lo que no se dice, pero se muestra. El cuerpo también tiene su lenguaje y cualquiera que nos vea se da cuenta de que, entre café y café, estamos hablando de algo de la mayor trascendencia.

El camarero se acerca sin hacer ruido y nos trae otro *con leche* y otro *cortado*. Los dos sabemos, como lo sabe cualquiera, que Jesús se crio como hijo de un carpintero hace dos mil años, y ahora sabemos también que hace apenas unos meses estuvo en la sacristía, a pocos pasos de aquí. Eso da al traste con todo lo que Andrea se ha esforzado por construir desde su juventud en un pueblo católico del norte de Italia.

–Aquí estoy, creyendo otra vez, pero en tu nombre. Y aquí estamos, hablando de Jesús como si fuera lo más natural del mundo. Muy raro. Pero es que lo veo en ti, yo te vi con esa luz. Y creo que tienes razón cuando dices que hay un motivo para que veas a Jesús y no a otro. Y también para que no entendieras todas sus palabras. Lo importante era que le vieras.

A veces los demás consiguen decir lo que nosotros mismos no logramos poner en palabras. Andrea lo consigue y también el noruego Notto R. Thelle en su libro *El enigma Jesús*. Este teólogo noruego y respetado experto en las relaciones entre el budismo y el cristianismo, como más adelante leo para mi tranquilidad en otro libro suyo, *Budismo y cristiandad,* comienza su libro sobre Jesús hablando del cuerpo.

«El contacto es el primer y último lenguaje del ser humano», afirma. Y eso me recuerda al gozo de mi cuerpo durante el encuentro con Jesús. Thelle relaciona la cercanía con el cuerpo, no con las palabras. Habla de la sensorialidad de la fe. Eso es lo que trae Jesús.

«Y la actividad del maestro era corporal y sensorial», dice a propósito del hombre que toca a un leproso y deja que una «buscona» le unja los pies. Pero, por desgracia, la corporalidad precisamente «no siempre se ha preservado con igual fortuna en la Iglesia», observa lacónico. Es noruego, sí, pero su Iglesia es la misma que la mía, una Iglesia donde la eucaristía, como él señala, a la postre no es más que un símbolo de la relación entre cuerpo y alma. Solo un símbolo, la corporalidad no va más allá.

Al leer la siguiente página me topo, negro sobre blanco, con la relación entre mis experiencias y la sensibilidad a flor de piel con la que salí de la sacristía tras mi encuentro con Jesús.

«Corporalidad y contacto presuponen desnudez. Hemos de dejar al descubierto nuestros puntos débiles», dice. Luego continúa: «Crecer es ir perdiendo capas de piel. Nos cubrimos, nos ponemos máscaras, interpretamos papeles, aprendemos a guardar las distancias, nos asusta la vulnerabilidad. Puede que madurar –algo muy diferente y mucho más complicado que crecer– sea el proceso contrario: recuperar la confianza, aprender a desnudar la piel para volver a tocar y ser tocados.»

Madurar, dice, es algo muy diferente a crecer. No es el primero en observarlo, pero de pronto lo veo muy claro porque ahora justamente me siento más madura, más consciente de lo que es la vida, podríamos decir, y a la vez infinitamente vulnerable. Soy fuerte y estoy contenta porque ahora sé que mi existencia es buena, y eso se lo debo a la visión. Al mismo tiempo soy frágil porque en la visión sentí que él lo veía todo y derribaba los muros que protegían mi interior. Y no es que me sienta frágil al exponerme desnuda porque en mi vida haya mucho que esconder, sino porque, sin más, me han visto por completo y no puedo controlar lo que muestro y lo que no. Esa sensación física de desnudez me acompañó durante varias horas después de la visión y aún hoy me asalta de vez en cuando.

Creo que Thelle ha dado con algo que mi visión me obliga a aprender y transmitir sea como sea. Pero antes tengo que comprender bien por qué es tan importante que, dicho en palabras de Thelle, me descubriera la piel.

Casi todos conocemos la sensación de vivir en la super-ficie, donde no estamos mal porque es bonito andar ata-reado, sentirse importante y laborioso y trabajar duro. El problema es que eso por sí solo no nos da derecho al don que es la vida. Lo descubrimos cuando nos ocurre algo dra-mático. Cuando nos enamoramos o cuando muere alguien querido, decimos que la tierra se abre bajo nuestros pies. Entonces es cuando nos vemos arrastrados a la intimidad, tanto si nos gusta como si no. Cuando estamos desnudos y se nos puede tocar. Cuando nos sentimos seres humanos y somos capaces de vivir y de morir. Es aterrador, porque no podemos controlarlo. Por eso preferimos que no nos lo recuerden, preferimos mantenernos a distancia de lo ingo-bernable y ocupar los minutos con quehaceres que están bajo nuestro control. Creer en Jesús puede parecer una au-téntica provocación a ojos del hombre de hoy, porque nos recuerda que la vida no está en nuestras manos.

Es posible, sin embargo, decidir emplear la fe para man-tener el control, convertirla en normas de conducta que hay que cumplir. Haz esto, haz aquello, e irás al cielo. Puede sonar duro, pero encontrar a Jesús en el contacto de una piel desnuda es lo contrario de hacer que la propia fe sea una cuestión de normas. Es ceder el control completa-mente. Entregarse en la confianza de que junto a Jesús y tantos otros lo lograremos. Aunque esa vida resulte ingo-bernable. Que no es lo mismo que vivir en el desorden y sin normas. Significa que hemos de vivir sabiendo que el ser humano, nuestro prójimo, es tan frágil como nosotros mismos y por eso debemos cuidarnos unos a otros. Hasta Jesús era un hombre frágil como nosotros.

Algunas páginas más adelante, Thelle me da una prueba más de que es a Jesús a quien veo: «No hay lugar donde el contacto y la vulnerabilidad divina se manifiesten con tanto dramatismo como en los textos que refieren el camino del maestro hacia su pasión y muerte en Jerusalén».

Jesús vivió cuanto puede vivir una persona, sea del sexo que sea.

Sí, conozco el apremio de la Iglesia a la hora de aplastar todo lo femenino, y me asquea. Crear una agresiva antítesis entre los dos sexos no solo es anticristiano, es impresentable. Jesús cuenta con mujeres entre sus seguidores, las historias que hablan de él incluyen a mujeres en una época en que se las excluía. Él llegó con otra manera de ver las cosas; es indiscutible. Muchos son los que han escrito sobre su relación con María Magdalena, que cuenta con un evangelio propio que no aparece en la Biblia. La misma suerte han corrido otros textos apócrifos, también desestimados; supuestamente por apartarse demasiado de esa Iglesia que el poder ha sido capaz de recoger por escrito en los cuatro siglos posteriores al nacimiento de Cristo.

Cómo ocurrió exactamente es algo sobre lo que los especialistas no acaban de ponerse de acuerdo, como apunta Geert Hallbäck, del departamento de Exégesis Bíblica de la Universidad de Copenhague, en su libro *El Jesús secreto*. En él explica también que en las raíces de todas las religiones hay contradicciones que no son compatibles por vía de la lógica. Requieren de la teología. Y es que el combustible de la teología es, precisamente, el trabajo interminable con las contradicciones. Cuando únicamente se tiene una solución y no se deja espacio para las contradicciones, se acaba en la herejía o, como otros prefieren llamarlo, en el fundamentalismo.

También por eso es necesario que Jesús sea Dios y hombre.

Jesús no me dijo lo que tenía que hacer, ni que yo era algo especial o valía más que otros. No me dio una respuesta que predicar, igual que no me dio un título de pastora ni el derecho a aplastar a quienes no son como yo. Al contrario. Al mirarme me desnudó y me convirtió en una persona corriente que era aceptada por ese único motivo. Fue el hecho de estar desnuda y ser corriente lo que me hizo digna de su amor.

Las palabras de Hallbäck a propósito de la función de las contradicciones a mis ojos explican que los textos bíblicos incluyan cosas tan opuestas acerca de, por ejemplo, las mujeres. En sus Cartas a los Corintios, Pablo dice que las mujeres deben callar, pero Jesús habló con mujeres y varios textos apócrifos van un paso más allá y aumentan la importancia de estas, señala la investigadora de la religión Lone Fatum, excompañera de Hallbäck en la Universidad de Copenhague y coautora de *El Jesús secreto*. Sin embargo, ni siquiera en su propio evangelio, el apócrifo que conocemos con el nombre de Evangelio de María, goza del mismo estatus que el hombre. Es verdad que Jesús destaca la figura de la Magdalena, la única a la que llama por su nombre, una vez resucitado. Ocurre en el huerto, junto al sepulcro, en un rencuentro de corte íntimo, explica Fatum. Pero se trata de una Magdalena desprovista de carnalidad. La sensualidad de Jesús no es de carácter erótico y la de ella tampoco. Si está allí, es precisamente para demostrar que lo espiritual es más fuerte que la concupiscencia de hombre y mujer, que no hace ninguna falta para concebir al hijo de Dios.

Como mujer que soy, podría sentirme postergada al leer a Fatum y los argumentos irrebatibles con los que defiende que Jesús despreciaba a las mujeres, al menos en los relatos de sus hechos y opiniones. Podría llegar a herirme si aquel día en la sacristía él me hubiese hecho sentir inferior. Pero no fue así. La mirada que posó en mí estaba desprovista de erotismo, sí, me veía como a una persona, porque la mujer es persona como también lo es el hombre. Que el encuentro entre los dos fuese el encuentro entre dos personas no significa que un sexo valga menos que el otro, sino que ambos somos personas.

Nadie podrá escribir nada que cambie lo que viví con Jesús aquel día. Esa realidad existe. Las ideas y las lógicas de otros no podrán cambiar su forma de mirarme. Ni quitarme esa nueva realidad que sembró en mí. Puedo interpretar el significado de nuestro encuentro, pero nunca dudar de su existencia. También puedo analizar el sentido que dan la Iglesia y millones de palabras a las palabras y obras de Jesús. El que tuviera o no un hijo con María Magdalena, por ejemplo, parece ser de interés para un sinfín de personas, pero no es decisivo para lo que él significa para mí. Todo eso pueden desmenuzarlo en debates intelectuales durante años y más años. Es importante para el mundo, eso lo sabe cualquiera, pero el encuentro con él lo es aún más. Ahí no hubo intermediarios.

De vuelta en Úbeda, a Andrea y a mí ya no nos queda café, pero aún tenemos mucho de que hablar.

Ninguno de los dos somos expertos en la Biblia, pero la

experiencia de haber visto a Jesús y esa mirada suya de amor incondicional, tan intensa que después es visible en mí, nos hace creer a los dos que el amor tiene un poder que no tiene nada más.

—Jamás había visto una relación entre la religión y el amor —confieso.

Andrea contesta no sin cierto embarazo:

—A mí me pasa lo mismo.

De nuevo nos sumimos en un silencio cohibido. Al cabo de un rato, nos levantamos, él para ir a trabajar, yo para dar un paseo por las murallas. Al encender el iPod, oigo cantar a Bono:

> One man come in the name of love,
> one man come and go.
> One man come he to justify,
> one man to overthrow.
> In the name of love,
> what more in the name of love.
> In the name of love,
> what more in the name of love.

«Pon amor donde no hay amor, y sacarás amor.»

Juan de la Cruz

Espacios cargados de energía

Nunca se está solo del todo en Úbeda, a donde he venido en mayo de 2009 —en la que ya es mi tercera visita— para hacer más averiguaciones acerca de mi encuentro con Jesús en el mes de febrero. Aquí, en lo alto de la montaña, pobladores de la Edad de Bronce, árabes, romanos, judíos y católicos se han reunido durante miles de años para erigir espacios de reunión sagrados.

—Úbeda siempre ha sido un sitio muy especial —asegura Joaquín Montes Bardo, un hombre que no alcanza ni mi metro sesenta y tres de estatura y que, como tiene frío a pesar de que estamos a treinta y cuatro grados, no se quita la chaqueta e insiste en que se cierre la puerta para que no haya corriente.

—Por favor.

Nos sentamos alrededor de una mesa redonda en el despacho de Andrea Pezzini. Está en un primer piso, justo frente a la capilla, y desde el balcón tiene vistas a la enorme puerta de roble. Vamos a hablar de Úbeda, la ciudad a la que ya ha dedicado varios libros. He preparado mis preguntas a conciencia, como suelo hacer cuando trabajo. Él es profesor de historia, así que no le suelto todo de golpe, sin más ni más. Quiero hablar con él porque he decidido ver lo que me ha ocurrido desde este punto del mapa. Tal vez haya una razón para que sucediera aquí y no en otro sitio.

Esta plaza, que los historiadores españoles califican como la más bella del país, tiene la capilla en un extremo y lleva por nombre plaza Vázquez de Molina. Pocos la conocen fuera de España y aún menos a su gemela, Baeza, situada a diez kilómetros de distancia.

La Unesco, la organización de las Naciones Unidas para la Educación, la Ciencia y la Cultura, incluyó en 2003 a ambas ciudades en su lista de Patrimonio de la Humanidad por ser máximos exponentes de eso que los especialistas llaman el «humanismo renacentista español», una mezcolanza exótica de arcos apuntados y ornamentos árabes con el estilo arquitectónico italiano conocido, por ejemplo, en Florencia a partir del siglo XVI. Casi todos los edificios que rodean la plaza están diseñados de acuerdo con el espíritu renacentista, que pretendía elevar e instruir a todo el que pasara por allí. Con su ornamentación y sus estilos artísticos de distintas épocas, el aspecto de la propia ciudad estaba llamado a documentar que el hombre era capaz de aprender cosas nuevas y a la vez seguir construyendo a la manera antigua. El Renacimiento suponía el retorno de los dioses griegos que resurgían de la oscuridad, pero siempre combinados con una curiosidad por lo venidero y por lo ya existente.

En ningún sitio como en Úbeda se hacía palpable el conflicto omnipresente entre la católica Castilla al norte y los musulmanes al sur. La ciudad es un puesto fronterizo natural situado junto al nacimiento del gran río del sur de España, el Guadalquivir. El agua que fluye no solo divide el país en dos, sino que también le ha dado una fecundidad que ya en la Edad del Bronce hizo que el hombre se asentara aquí y creara santuarios hace más de cinco mil años. Uno de ellos me saldrá más tarde al paso de un modo totalmente inesperado, pero eso aún no lo sospechamos ni Joaquín Montes Bardo ni yo este caluroso día de mayo, mientras él aboceta a grandes rasgos los siglos más relevantes.

El rey católico Fernando III reconquistó la ciudad en 1233 y con ello se abrieron las compuertas del dinero. La guerra cultural contra los musulmanes había que ganarla a base de conocimientos. En 1538 se fundó en Baeza una universidad abierta a todas las religiones cuya meta era la máxima difusión del saber. En ella se imprimieron los primeros libros de bolsillo nada menos que en el siglo XVII.

Junto con el saber, la belleza fue otro de los medios empleados para atraer a más españoles dispuestos a asentarse a lo largo de la antigua frontera, y lo mismo puede decirse de la exención de impuestos y otras ventajas fiscales. Además, cuando el hallazgo de oro en América empezó a aportar beneficios a gran escala, gran parte de esta riqueza vino a parar a Andalucía, de donde partió Colón. En este escenario, un hombre fue capaz de entender el estilo constructivo del pasado mejor que ningún otro: Andrés de Vandelvira, cantero y arquitecto al estilo renacentista italiano, que en aquellos momentos era el culmen. Un hombre acaudalado, Francisco de los Cobos y Molina, lo contrató en 1536 para ya no volver a dejarlo marchar. Vandelvira realizó un sinfín de proyectos. Una de sus obras cumbre es la Sacra Capilla de El Salvador, que ahora mismo está frente a nosotros. No es la más elegante, pero resulta imponente y perpetúa la memoria de Francisco de los Cobos y Molina, tal y como él deseaba.

La capilla se eleva hacia los cielos con sus dos antorchas fúnebres a modo de torrecillas flanqueando la gran portada que da a la plaza, pero al mismo tiempo es también maciza y sólida, casi rústica, en su empeño de mostrar el valor de la tierra como ancla del ser humano. Cada centímetro cuadrado del exterior está recubierto con todo tipo de ornamentos, desde gárgolas hasta lanzas y escudos de armas, pasando por la definición de la fe que hizo Pablo de Tarso codo con codo con la que Cicerón hiciera de la justicia, Moisés e Isaías, César y Hércules, leones y cabras, Eros, centauros y sirenas, símbolos paganos y María dando a luz a su hijo.

Joaquín Montes Bardo ha escrito un libro entero dedicado a la capilla y a sus maravillas tanto exteriores como interiores, pero a él, como a mí, lo que más le enamora es la pequeña sacristía que la Unesco ha definido como *outstanding architecture*. Ante mi pregunta de si cree que me siento tan a gusto en la sacristía porque su austera decoración recuerda a la de una iglesia protestante, Montes Bardo se incorpora en la silla y se concentra en un tema que como historiador le fascina tanto que, a pesar de ser un urbanita de Madrid, se ha instalado aquí, en Úbeda.

–No, no es por eso. Es porque la sacristía es un tributo a todo lo que te ha rodeado desde la infancia como miembro de la cultura occidental. El cristianismo, sí, pero también los dioses griegos y romanos; porque hay símbolos paganos tanto dentro como fuera. Aquí se funde todo, los otros dioses se ven como vía hacia la fe de otro tiempo. Todo el edificio rinde homenaje a la formación común y nos muestra cómo el hombre aúna belleza y saber para elevarse más alto –me explica.

Apenas lo dice, se me abren los ojos. He leído, me han contado, pero encontrarme con una explicación tan sencilla de mis sentimientos hace que todos esos conocimientos se asienten mejor. No las fechas y los nombres de arquitectos y escultores, sino la certeza de que existe una conexión. Quienes construyeron esto tenían un propósito tan fuerte que se percibe incluso sin tener presentes todos los conocimientos.

–Esa era su intención, sí –añade el historiador.

Después pasa a explicarme que en los años en que trabajó Vandelvira, en España hubo una ventanita que daba hacia un mundo abierto y que después se cerró, dejando el país sumido en su estricta interpretación de la fe cristiana. El historiador cree ver una clara fuente de inspiración para Vandelvira en Erasmo de Rotterdam (1466-1536), el monje, teólogo y filósofo holandés que atacó abiertamente las tesis de Martín Lutero, a quien los daneses conocemos como fundador de nuestro modo de creer.

Erasmo defendía el libre albedrío del hombre y sostenía que la gracia de Dios no es lo único que puede ayudarle en la vida y en la muerte. Ese es precisamente uno de los núcleos principales del pensamiento de Lutero. Para Erasmo necesitamos la gracia, pero también tenemos la gran responsabilidad de estar a la altura de los ideales religiosos y morales. Él era un humanista, aspiraba a una sabiduría no dogmática al alcance de la mayoría y creía que el cristianismo debía entablar un diálogo con otras ideologías para que cada individuo pudiera llegar a la fe a través de la razón. Por eso en la sacristía hay estatuas de hombres y de mujeres, sacerdotes y sacerdotisas que encarnan las religiones de Oriente, la civilización romana y la griega, e incluso a los judíos. Erasmo aspiraba a limpiar el discurso y hacer que los textos clásicos conversasen de igual a igual, por eso era importante que textos y símbolos fuesen los originales. Y por eso hizo, a modo de ejemplo, una edición del Nuevo Testamento en griego.

—La construcción de la capilla y la sacristía son una prueba de este humanismo que impregnaba el pensamiento, y eso es lo que te atrae —me explica Montes Bardo.

Mantenemos un tono docto, una conversación; esto es un asunto de trabajo. Sin embargo, al final de la entrevista me confiesa que no se lo ha contado a nadie más y no sabe por qué me lo dice a mí ahora, pero le gustaría escribir otro libro sobre Úbeda. Un libro que trate sobre «todos esos sucesos especiales» que guardan relación con la ciudad.

—Teresa de Ávila estuvo aquí, envió a Juan de la Cruz a fundar un monasterio. Él murió aquí, pero hay mucha gente que piensa que escribir sobre ese tipo de cosas es una provocación. Es como si desde el punto de vista de la investigación no acabase de resultar adecuado interesarse por esos temas —dice, ignorando que mis conocimientos sobre dos de los más grandes místicos cristianos aún son muy limitados. Sé que tengo que estudiarlos con más detalle, pero, como otras veces, la realidad me distrae y me lleva por otros derroteros.

Un día Andrea me pide que le acompañe a un lugar que acaba de descubrir, una sinagoga, y yo me dejo arrastrar a la historia de los judíos, que en parte también explica por qué tuve la visión precisamente aquí. No es ningún secreto que, a lo largo de la historia, Úbeda ha dado cobijo a un considerable número de judíos, pero a nadie se le había ocurrido que pudieran haber tenido su propio templo. Los numerosos judíos de Andalucía colaboraron con católicos y musulmanes durante siglos, hasta que la Inquisición –reconocida por el Papa en 1478 y activa durante trescientos cincuenta años– los forzó a la conversión.

Los judíos, herejes y musulmanes que se negaban a convertirse tenían que marcharse. Sin sus propiedades. Es decir, que los más ricos y privilegiados se convirtieron todos a una, de modo que a día de hoy, según el *American Journal of Human Genetics*, uno de cada cinco españoles tiene antepasados judíos.

Uno de ellos es Juan de la Cruz. Fue profesor en la Universidad de Baeza, y durante muchos años plantó cara al fanatismo condenatorio y excluyente con el que los católicos gobernaban el país. Entre sus profesores se cuentan varios judíos conversos, y con su espíritu abierto incluyó asimismo a varios *alumbrados,* místicos perseguidos también por la Inquisición.

Es este un territorio tolerante donde el saber y la espiritualidad siempre fueron de la mano y, en lugar de separar las religiones, se esforzaron por hallar lo que tenían en común. Y aquí fue también donde el médico judío del califa de Córdoba tradujo varios tratados de medicina del griego al latín y al árabe para católicos y musulmanes. Pero una sinagoga en Úbeda era algo inaudito, de modo que cuando

Fernando Crespo compró un edificio corriente y moliente con once apartamentos y una peluquería en la calle Roque Rojas, enseguida se dispuso a demoler el interior, levantar apartamentos nuevos por detrás de la fachada protegida y completar el trabajo con un garaje en el sótano y un ascensor.

Así solía hacer como hombre de negocios que era y es. El dinero es importante. Era propietario de varias tiendas y de una casa grande, y a su mujer, Ana, le gustaban las joyas y los bolsos de diseño. La vida los trataba bien; bastaba con que continuara por los mismos derroteros. Sin embargo, un buen día su ayudante, el tallista Pepe el Cantero, tuvo una visión en el apartamento contiguo a la peluquería.

—Te digo, *chica,* que se me puso la carne de gallina. A mí estas cosas no me pasan. *No, no, no* —me asegura Pepe, que prefiere tallar estatuas y ornamentos de estilo clásico y restaurar obras antiguas en piedra en el pequeño taller iluminado con fluorescentes que tiene en el callejón de detrás del Museo de San Juan de la Cruz a trabajar en la construcción, pero un trabajo es un trabajo y Fernando es de los que piensan que no se puede hacer gravilla sin romper las piedras.

Cuando Pepe fue a echar un vistazo a la casa abandonada, se encontró un montón de palomas poniendo perdidos los muebles desvencijados y los cascotes, pero también vio un gran grupo de personas sentadas de espaldas a él.

—No le conté nada a nadie y aún hoy sigo sin hacerlo —explica el menudo artesano, que se embarcó en la aventura con Fernando Crespo, ahora cientos de miles de euros más pobre, peor afeitado y con señales visibles de estrés y falta de sueño.

Todas aquellas personas estaban allí, sin más, aunque Pepe trató de olvidarlas. Sin embargo, una vez que la planta baja estuvo despejada, Fernando levantó la vista hacia la parte de arriba.

—De vez en cuando me digo que fue lo peor que podría haber hecho —comenta mientras señala hacia el techo, decorado con flores y símbolos de varios colores. Rojo, blanco, azul.

En ese momento, los dos comprendieron que la casa debía de haber sido muy señorial y acordaron ir con mucho cuidado. Eso sí, había que derribarlo todo y hacer apartamentos. Tal vez si restauraban parte de los elementos antiguos, podrían hacer viviendas aún más exclusivas.

El plan era ese, pero no funcionó; cada vez que tiraban un tabique y retiraban suelo, paredes, baldosas y azulejos, salía a la luz el pasado. Fragmentos de pared con decoraciones. A veces columnas enteras. Pozos.

—No teníamos ni idea de qué era, pero veíamos que se trataba de algo muy antiguo. Quizá tuviera hasta unos mil años —recuerda Fernando, que en varias ocasiones estuvo a punto de tirar la toalla y demolerlo todo—. Costó mucho más desenterrarlo como lo hicimos nosotros. Mi mujer decía que estaba poseído, que nunca me había visto así.

Deja escapar un suspiro. Discutió con ella «muchas veces». Al cabo de varios meses, entre cuatro apartamentos, una escalera y un cuarto de baño con ducha, apareció una estancia enorme. Tenía dos pisos de altura y balcones a los lados separados por columnas. Y un día, cuando estaban charlando en el bar Pedro, el dueño les contó que cuando vivía allí su tío, él recordaba que debajo había también un sótano de gran altura, y que no se trataba del sótano que discurría en paralelo a la calle donde ya habían excavado, sino de una habitación justo debajo de la estancia con balcones que acababan de descubrir.

De nuevo se vieron obligados a capitular y cavar allí donde no habían pensado hacer nada más. Pero lo hicieron. A mano. Comenzaron por arriba, justo debajo del suelo, y empezaron a sacar cascotes y demás trastos con los que habían atestado la habitación, que es el modo más sencillo de deshacerse de los escombros en una ciudad densamente poblada. Encontraron una bóveda apuntada de cuatro metros de altura en el punto más elevado, que no es lo más adecuado para una bodega donde guardar agua y vino, y otro día que el andamio se vino abajo porque de pronto el suelo cedió bajo dos de las patas, salió un pozo cuadrado. O eso creyeron. En uno de los lados, el pozo tenía siete peldaños.

Para entonces la economía de Fernando había tocado fondo y él ya había adelgazado y adquirido la expresión que tiene ahora, nerviosa y convencida al mismo tiempo. Ya no había vuelta atrás. Hizo que unos expertos fueran a echar un vistazo. Tenía la sensación de que aquello era más que una casa antigua. Los expertos se mostraron de acuerdo. Era una sinagoga. Y el pozo era un *mikveh,* la fuente sagrada con agua que mana directamente del interior de la tierra. Hay siete más en Europa, uno en Gerona, otro en Italia y cinco en Alemania; este es de los más antiguos, tal vez del año 900.

—No lo sabemos con exactitud —me cuenta Fernando, que decidió abrir la sinagoga como museo y por eso se puso en contacto con Andrea, quien me ha traído hasta aquí y acaba de entregarme dos varillas de metal curvas para buscar agua y pedirme que entre en la sinagoga por la puerta del rabino.

En cuanto cruzo el umbral, las varillas empiezan a sacudirse con tal fuerza que me cuesta sostenerlas.

—Es aún peor que con Pepe —dice entre risas Fernando.

Continúo hasta la sala con los balcones para las mujeres y el artesonado pintado. Las varillas se abren y se cierran sin cesar, dibujan cursos de agua bajo mis pies para, al llegar al *hejal,* volverse locas. Los cuatro nos quedamos algo confusos y convenimos en que solo es agua. Agua de los siete manantiales que fluyen bajo nuestros pies, uno de los cuales va a dar al *mikveh,* que ni siquiera es el primer santuario que hay aquí. El enorme sótano está construido en el interior de una caverna subterránea natural excavada en el Neolítico.

Una mañana, Fernando le encontró una explicación al agujero practicado en la parte superior, que comunica el sótano con la sinagoga, ya que, estando abierta la puerta que da a la calle, los rayos del sol entraron hasta casi rozar el agua del *mikveh*. Faltaban pocos días para el solsticio de verano, pero el 21 de junio los rayos del sol incidieron directamente en el *mikveh*.

Como en Rold Skov, el bosque que crece cerca de mi casa, donde hay un alineamiento de piedras de la Edad del Bronce que coincide en línea recta con el mismo rayo de sol. Lo mismo debió de ocurrir con el sol y el manantial en la cueva prehistórica que después se transformaría en *mikveh*.

—Los egipcios creían que así se guiaba a las almas hasta su tumba tras su vuelo con el sol, y yo supongo que las gentes que se asentaron aquí en la Edad de Bronce compartían las mismas creencias –me explicó el arqueólogo Flemming Kaul del Nationalmuseet cuando escribí un artículo sobre este desconocido santuario cercano al parque natural de Rebild Bakker.

Pensar en ese alineamiento ahora que estoy aquí, en España, me recuerda el día que entrevisté a la fotógrafa danesa Kirsten Klein, que vive en la isla de Mors. Casi siempre capta con la cámara paisajes despoblados, aunque de uno u otro modo también deja entrever lo importantes que son para las personas. Le pregunté si sus paisajes estaban *cargados de energía.*

–Sí –contestó ella.

¿Los espacios se cargan de energía porque tienen historia o se pueblan y dan lugar a su propia historia porque están cargados de energía? A lo largo y ancho del mundo hay algunos lugares más sagrados que otros. Se levantan sinagogas e iglesias sobre cavernas prehistóricas con manantiales; hay mezquitas bajo las catedrales, y no es solo para someter a la religión perdedora. También es para conservar el espacio. Colocar piedra sobre piedra. Fe sobre fe.

«Y al verlo, dieron a conocer lo que se les había dicho acerca del niño. Y todos los que oyeron se maravillaron de lo que los pastores les decían. Pero María guardaba todas estas cosas, meditándolas en su corazón.»

Evangelio de Lucas 2

Bendito conocimiento

El día en Úbeda toca a su fin. Me gusta estar aquí. De más está decirlo, teniendo en cuenta que es mi tercera visita en medio año. Pero para mí es importante subrayar que, por más tentador que sea todo esto, no vengo solo por gusto. He vuelto para aprender. Para entender con la razón y no solo sentir con el cuerpo.

Tras despedirme del historiador, he cruzado la calle y he entrado en la Sacra Capilla de El Salvador. De repente, aparece un hombrecillo de mirada tan glacial como el metal de sus gafas cuadradas que viene a mi encuentro. Don Fernando Nieto. Tiene ochenta y cuatro años, es capellán, vive solo con sus dos hermanas y da misa aquí a diario. Fue en su «despacho» donde hablé con Jesús. Solo que él no lo sabe.

Mientras yo permanezco junto al altar mayor de la capilla y él viene hacia mí, un montón de estudiantes salen de la sacristía en una masa compacta de sudaderas con capucha y mochilas acompañados por un colega del guía Andrea

Pezzini, Antonio Sánchez Ruiz, también conocido como Nono, un maestro tan vivaracho que al final arranca un aplauso de los chavales. Don Fernando se detiene en seco y les lanza una mirada furibunda. Cuando ya se marchan, vuelve a mirarme a mí, que sigo junto a la reja grande de la capilla. Avanza un paso más, no sin cierta reserva, y me dice bruscamente:

—Tú debes de ser Carlota.

Mientras le agradezco educadamente que haya accedido a recibirme, me interrumpe para decir que tiene muy poco tiempo porque ha de hacer los preparativos para la misa. Yo asiento y me decido a soltárselo todo sin darle más vueltas.

—He tenido una visión en su sacristía —anuncio.

Él me invita a sentarme en el frágil y gastado banco de iglesia que más parece un pupitre de los años sesenta, con las patas de metal y el asiento pintado de marrón. Cuando se sienta a mi lado, por lo menos a un metro de distancia, sigue mostrándose agrio, pero yo saco valor de alguna parte. Además, mi español ya es tan fluido que ni siquiera me doy cuenta de que estoy hablando un idioma que no es el mío.

—Estaba sentada ahí dentro, en el banco antiguo —digo señalando—. Y a metro y medio de mí se materializó Jesús y empezó a hablar conmigo. Estaba en un camino de Israel con unos cuantos discípulos...

A medida que le voy contando la historia, su mirada se transforma. Se vuelve cálida, se enciende, sus ojos parecen más grandes, todo su rostro se dulcifica. Me escucha, asiente, me pregunta por el color de los ojos de Jesús. Cuando contesto que eran «verdes y grises con una chispa de azul», vuelve a asentir.

—Sí, sí; era él —asegura.

Después se acerca, me agarra de las manos y empieza a hablarme sin dejar de mirarme a los ojos con determinación.

—No esperes que los demás lo entiendan. Tendrá que bastarte con que sepan aceptarlo.

Le pregunto por esta sensación de soledad que me ha invadido y que jamás había sentido. Él repite que mi encuentro no se puede compartir con todo el mundo.

—Pero no estás sola, tal vez lo estés entre las personas, pero Jesús va contigo. No lo olvides —dice, sosteniendo mis manos entre las suyas mientras trata de consolarme recordándome que llorar es bueno.

Yo sonrío. Qué inconcebible y qué absurdo; una danesa aquí, con un capellán de una generación y una cultura que tan poco comparten con las mías, y resulta que él encuentra las palabras que más me llegan y más me consuelan. Palabras que hasta ahora no eran más que clichés, pero que en este preciso instante han dejado de serlo. ¡Qué increíble que alguien como él sea capaz de entender a alguien como yo! Se ríe de mi desconcierto. Y, seguramente, también del suyo.

—Carlota —dice—, recuerda que es un don que has recibido. No les ocurre a muchos, pero tendrás que cuidarlo con humildad.

Le contesto que lo sé y que me siento muy, muy afortunada, pero que ignoro cuál es el mejor modo de cuidar de ese don. Él me regala una sonrisa aniñada que no creo que deje ver demasiado a menudo y me pregunta si profeso la fe verdadera.

—Sí, soy protestante.

—Lo sabía, y te conviene. Solo te hace falta un poco de paciencia. Pero, *chica,* puedes rezar, te hará bien. No es necesario que vayas a misa ahora mismo, tienes que encontrar serenidad, pero voy a encender una vela y a rezar por ti todos los días que estés aquí. ¿Hasta cuándo te quedas? —pregunta.

—Hasta el domingo por la mañana —respondo.

Después me pide que le disculpe, tiene que disponerlo todo para la misa y debemos despedirnos.

—Pero antes de que te vayas, ¿me dejas que te bendiga?

Asiento algo cohibida. Él toma mi cabeza entre sus manos, frías y salpicadas de manchas oscuras, y me besa en la frente.

Después voy paseando muy lentamente por debajo de los plátanos que flanquean la capilla hasta el final de la avenida, hasta las murallas, me siento aturdida en un banco de piedra a contemplar el valle con todos sus olivares y llamo a mi marido.

—Pero eso es bueno, ¿no? —me pregunta cuando le cuento lo que me ha ocurrido.

Cuando repite una vez más que él lo acepta, pero que no forma parte de ello, la soledad me domina de nuevo; pero él no puede hacer nada. Y es que ¿quién va a entender todo lo que me sucede si no lo entiendo ni yo? No siento solo tristeza, también empiezo a percibir esa aceptación de la que hablaba el capellán. Estoy pasando por algo que no conoce nadie que yo conozca. Debo aceptar esta soledad, por más deseos que sienta de compartir todo lo que me está ocurriendo. Hay testigos, hay personas que ven cómo me sucede; pero a ellos no les pasa. Además, ¿cómo identificarse con algo por teléfono? Es pedir demasiado. Hablamos un poco más. Estoy exhausta. Los sentimientos son grandes: la perplejidad tras la conversación íntima con un capellán desconocido, la sensación de alivio, todo lo que he aprendido... El simple hecho de estar aquí hace que me sienta más contenta y a la vez más sensible, que sea más abierta y más frágil.

El domingo por la mañana vuelvo a la Sacra Capilla de El Salvador. Quiero entrar y pasar un ratito en paz en el banco centenario de la sacristía, que ya es mi sitio. Es tan alto que me bailan las piernas cuando cierro los ojos y rezo el padrenuestro, que por fin me he aprendido, para dar gracias por la serenidad, los conocimientos y las conversaciones de estos últimos días. Y de pronto aparecen. Por tres veces los temblores me recorren todo el cuerpo. Algo me traspasa de la cabeza a los pies haciendo que me estremezca como una hoja, me tambalee y me esfume. Al despertar, estoy extenuada, tengo las piernas de mantequilla, igual que tras la visión, y he perdido la noción del tiempo que llevo aquí. Cuando salgo a la luz hiriente del sol, el guía Nono se me acerca corriendo.

—¿Qué te ha pasado? Te he visto, estabas temblando.

—No lo sé —contesto.

No me había percatado de su presencia, aunque por lo visto estaba en la puerta a apenas medio metro de distancia. Miro el reloj y veo que he pasado casi media hora ahí dentro. Se me acerca mucho.

–No se lo he contado a nadie, pero con todas estas cosas que te han ocurrido... –vacila con timidez antes de continuar–. Un día, cuando iba a cerrar la capilla, levanté la vista y vi que el sol entraba por la ventana de la fachada y daba justo en la aureola de Jesús, iluminándolo todo. Me pareció un momento celestial. No lo olvidaré mientras viva, pero hasta ahora nunca se lo había contado a nadie.

Yo tampoco me atrevo aún a hablar del tema con demasiada gente. Temo que mi franqueza acabe por volverse en contra de mi credibilidad. Los periodistas aprendemos que la credibilidad solo se consigue transmitiendo algo que otros pueden demostrar. No nos compete a nosotros juzgar si es creíble o no, sino dar a los lectores la posibilidad de que sean ellos quienes tomen esa decisión. Y hemos aprendido que la única manera de lograrlo es aportar la opinión de expertos que tienen títulos homologados que dan fe de sus conocimientos. No es mal sistema y yo siempre he sido muy cuidadosa y he procurado que las fuentes que citaba pudieran validar lo que sabían. ¿Habían llevado a cabo investigaciones en la materia sobre la que les preguntaba? ¿Habían escrito antes sobre el tema? Y los demás, ¿están de acuerdo o en desacuerdo con ellos? El periodista busca también a los disconformes, intenta mostrar siempre varias caras de la misma moneda, incluir a varios expertos y que estos sean los mejores. He escrito un sinfín de artículos y siempre he tenido muy en cuenta este principio básico.

Para una serie de artículos sobre las creencias de los daneses que escribí en el otoño de 2008, antes de que comenzara todo esto, recurrí como de costumbre a expertos titulados. La Universidad de Aalborg estaba haciendo un estudio estadístico basado en un cuestionario. La estructura de los artículos era la habitual. Ante un nuevo conocimiento, ¿qué opina este experto? ¿Y este otro? También había artículos con creyentes. La persona que se mostró más sincera a la hora de afirmar que la fe no consiste solo en ideas y conocimientos, sino que también es algo que se va adquiriendo como una experiencia, que no se puede «medir ni pesar», como dijo ella, fue la reina Margarita. Ese es el artículo que mi madre tenía en su escritorio en el mes de noviembre. Podía citar a la reina y decir que ella se sentía envuelta en algo más grande. La gente confía en ella, su credibilidad es impecable. Sin embargo, hasta ella se mostraba un poco tímida; y después nadie comentó esa parte, precisamente esa, de la entrevista. Yo tampoco. Aunque su majestad es la cabeza de la Iglesia a la que pertenecen ocho de cada diez daneses, ni ella ni los demás hablamos de esa parte de la fe que va más allá del conocimiento.

Nono y yo seguimos hablando ante la puerta de la capilla, al sol; me sostiene, aún tiemblo un poco. De repente me doy cuenta de que no soy la única afectada, lo que me ocurre también influye en quienes lo presencian.

Sin embargo, no lo viven en primera persona, de modo que no puedo exigirles que acudan en mi ayuda ante la siguiente andanada de preguntas periodísticas. Las preguntas acerca de los motivos. ¿Por qué te ha ocurrido todo esto? ¿Por qué lo cuentas? ¿Qué papel tienen el dinero y el poder, los dos móviles que siempre hemos de comprobar en primer lugar? Yo no puedo demostrar que no me ha lavado el cerebro una secta que quiere lavárselo a más personas para sacarles dinero. Lo único que tengo es mi reputación y mi nombre. Y también un deber: transmitir lo que sé. Ese deber es uno de los motores que me impulsan.

Compartir conocimientos y hacerlos más accesibles permite que más personas contribuyan al desarrollo y a la transformación de nuestra sociedad. También los conocimientos que han llegado a nosotros de un modo poco habitual, por ejemplo a través de experiencias como las mías, deberían poder compartirse de forma que haya más gente capaz de comprenderlos y con ello participe de manera democrática en la construcción de un futuro común. Por eso estoy firmemente convencida de que hay que hablar de las vivencias que uno tiene. Pueden ser vivencias de todo tipo, incluidas las más crudas. Compartir da pie a que otros aprendan. No podemos evitar con ello que tengan malas experiencias, pero tal vez sí sea posible lograr que se enfrenten a ellas sintiéndose más seguros.

¿Será esa mi misión, el cometido que se me asignó en mi encuentro? Me recuerda la tarea que me encomendó aquella mujer de Baeza que se me acercó en la iglesia y me pidió que contase. La que me llamó elegida. ¿Qué querrá, que evangelice? No me gusta la palabra, no me creo capaz de aportar respuestas, pero sí siento el deseo de abrir los ojos a todo aquello que no comprendemos de inmediato. Por ejemplo, esas personas distintas a las que nos cuesta encasillar y entender. Si me atrevo a dar el paso de contar lo que me ha ocurrido y aún me sigue ocurriendo, quizá a otros les resulte más fácil admitir que ellos también han experimentado algo parecido. Si hay más gente que ha vivido algo similar y lo saca a la luz, tal vez logremos reunir tantos testimonios que acabemos dando pie a nuevos conocimientos. Así, la lógica de la ciencia podría empezar a regir en el mundo de la fe. Sería bonito.

Me despido de Nono, que me da dos besos, primero en una mejilla, luego en la otra, y vuelvo al apartamento que hay sobre La Casona del Losal. Algo tienen estas vistas que quisiera investigar.

«La grandeza no consiste en ser esto
o ser aquello, sino en ser uno mismo;
y esto lo puede cualquiera,
si es que quiere.»

Søren Kierkegaard

De la cruz y Kierkegaard

La primera vez que lo veo siento repugnancia. En un relicario de oro y cristal se conserva sobre un cojín de terciopelo rojo un fémur de Juan de la Cruz ya casi cinco veces centenario. El fémur tiene un lazo blanco alrededor, un lacito de adorno como los que se anudan en las trenzas de las niñas.

Juan de la Cruz murió en el monasterio de Úbeda el 14 de diciembre de 1591, pero dos años después el vicario general de los carmelitas se llevó el cuerpo del polémico fraile y lo enterró en la ciudad de Segovia.

Juan de la Cruz era un hombre menudo, se comprende al ver el hueso, del tamaño del de un niño, pero es uno de los padres de la mística cristiana, y su museo y monasterio están justamente detrás de La Casona del Losal, mi alojamiento durante estos días. Ese es el tejado desde el que chirrían los estorninos. Bajo la cúpula roja está el oratorio que honra su memoria. Y sus huesos.

Juan deseaba ser enterrado aquí, donde lo acogieron cuando llegó a la ciudad, enfermo y desfallecido, pero nadie iba a permitir que un modesto monasterio de provincias fuera el futuro centro de su doctrina. Ya un año antes habían intentado trasladar el cuerpo, pero al desenterrarlo se encontraron con que aún se conservaba completamente fresco y la idea les pareció demasiado bárbara. Aunque también la segunda vez que los frailes apartaron la mortaja estaba el hombre como recién muerto, la situación política era tan apremiante que decidieron sacarlo igualmente. A Úbeda se le permitió conservar un fémur y varias falanges, mientras que el resto del cuerpo se trasladó en el mayor de los secretos.

Nació en 1542 como Juan de Yepes de Álvarez y murió con tan solo cuarenta y nueve años. Fue polémico en su tiempo y sigue siéndolo ahora, ya que sus ideas chocaron con lo que la Iglesia católica representaba y hacía en su afán de acumular riquezas y ornamentar las iglesias para alabanza de Dios. Vivió en más extrema pobreza que cualquier otro religioso y fue el primer fraile descalzo; exigía una entrega total. Los carmelitas calzados lo recluyeron porque el número de sus seguidores aumentaba sin cesar y porque con su proceder dejaba en evidencia la falta de entrega de los demás. Lo decían ellos mismos. Por lo que a Juan respecta, él no veía conflicto alguno, solo diferentes vías. Pero su desafío al poder le costó la cárcel.

Allí, a oscuras, escribió los más gozosos versos de amor y alegría, que, al igual que el Cantar de los Cantares, pueden leerse como relatos puramente eróticos. Y que, como el Cantar, se han interpretado a distintos niveles.

Para mí es lógico hablar de la unión con Jesús como se habla de una relación de amor humana, pero también hacerlo con total solemnidad y embeleso, puesto que solo una de las dos partes es humana; la otra es mucho más. Se parece a enamorarse, solo que es mucho más grande, es Eros convertido en medio y no en fin.

En su *Cántico espiritual,* Juan escribe que «debajo del manzano, allí conmigo fuiste desposada», habla de «nuestro lecho florido», de «solo aquel cabello que en mi cuello volar consideraste». Son poemas físicos, impregnados de una unión sensitiva con la Amada que se puede alcanzar de varios modos, como él mismo describe en su *Subida del Monte Carmelo.*

A medida que avanzo en el libro sobre él que estoy leyendo, *Juan de la Cruz, un guía espiritual de nuestro tiempo,* de Grethe Livbjerg, la repugnancia ante esos huesos desnudos va dando paso a una mayor comprensión. Grethe Livbjerg es católica, pero desde el punto de vista cultural es tan danesa que en ese aspecto no hay diferencia alguna entre ella y yo. En el libro describe lo estrechamente emparentado que está el modo de ser místico cristiano de Juan con nuestra forma danesa de creer, tal y como la define Søren Kierkegaard. Juan alcanza la unión con Dios, que es su fusión directa con Cristo. Es una comunión subjetiva e individual en pronunciado contraste con la comunidad más objetivamente definida de la Iglesia, en la que esta última resulta imprescindible.

Aunque Kierkegaard, con sus consideraciones existenciales, es profundamente intelectual y dista mucho de ser tan sensitivo como el monje descalzo, al final ambos acaban estando muy próximos. También porque ambos son capaces de explicar qué les ocurre durante el proceso, qué hacen, piensan y sienten, de manera que otros puedan acompañarlos. Forma parte del fin de su trabajo: mostrar que lo más hondamente intelectual es también patrimonio de todos los hombres al margen de cualquier tipo de institución.

La mística cristiana, que hace posible, o al menos deseable, que el individuo tenga una experiencia física de la cercanía de Dios —sin mediación de nadie más, ni siquiera de sacerdotes— no podía ser sino una fuente de nerviosismo para la Iglesia. Lo mismo que las teorías de Kierkegaard a propósito del derecho y el deber del individuo a trabajar la duda en solitario dieron pie a más de un tic nervioso entre el poder eclesiástico.

Como cuando Livbjerg saca al fin a colación a Kierkegaard y como el autor danés en *Las obras del amor* pregunta: «¿De dónde viene el amor?, ¿dónde tiene su origen y su manantial?, ¿dónde se encuentra el lugar en que tiene paradero?, ¿de dónde brota? Sí, ese lugar está oculto o en lo oculto. Hay en lo más íntimo del hombre un lugar; de él brota la vida del amor, porque "del corazón brota la vida"».

Nadie podrá, sin embargo, negar la sabiduría cristiana de esta pareja, pues ambos, cada uno a su manera, se atienen a la lógica que el propio Jesús presentó en las parábolas. La lógica que Pablo formuló en su carta a los gálatas diciendo: «Ya no vivo yo, mas vive Cristo en mí».

«Dios habla a cada uno tan solo antes de hacerle;
luego sale en silencio con él desde la noche.
Y esas palabras de antes de empezar cada cual,
esas palabras nebulosas, son:

Fuera de tus sentidos enviado,
marcha hasta el borde mismo de tu anhelo;
dame ropaje.

Crece como un incendio tras las cosas;
que sus sombras, tendidas,
me cubran siempre entero.
Deja que todo te ocurra: hermosura y espanto.

Solo hay que andar. Ningún sentir es el que está
más lejos. No te dejes separarte de mí.
Cercana está la tierra
que ellos llaman la vida.

La reconocerás
por su seriedad grave.

Dame la mano.»

Rainer Maria Rilke

No estoy sola

«Acabose este libro en junio, año de 1562», pone, pero lo que describe es el mismo encuentro que yo he tenido. Teresa de Ávila escribe en su autobiografía *El libro de la vida* que el «arrobamiento» a menudo la dejaba con «el cuerpo tan ligero que toda la pesadumbre de él me quitaba». Explica que «representóseme Cristo delante [...] Vile con los ojos del alma más claramente que le pudiera ver con los del cuerpo».

Ella comprende y oye lo que él le dice, aunque no hay un sonido, como cuando «acá si dos personas se quieren mucho y tienen buen entendimiento, aun sin señas parece que se entienden con solo mirarse». No logra verlo, pero siente su presencia a su lado en el banco del monasterio. Ve sus manos, «con tan grandísima hermosura que no lo podría yo encarecer», pero también ve a través de ellas y está después «en oración de quietud y muy continua».

Esto «los letrados mejor lo darán a entender», reflexiona, aunque más adelante se pregunta si no será ella, como mujer no letrada, una de las personas que Dios elige para que encuentren la fe porque no le cierran la puerta con palabras.

«Sin poderlo yo excusar», dice también. No puede detener los arrobamientos ni «tapar los oídos», y cuando cierra los ojos sigue viendo su rostro. «Hízome mucho daño no saber yo que era posible ver nada si no era con los ojos del cuerpo, y el demonio que me ayudó a que lo creyese así y hacerme entender era imposible y que se me había antojado y que podía ser el demonio y otras cosas de esta suerte, puesto que siempre me quedaba un parecerme era Dios y que no era antojo.» No es la única en dudar, y la llaman de todo, pero un día llega a la conclusión de que sus visiones y sus temblores no pueden ser obra del diablo, porque «no podía creer que si el demonio hacía esto para engañarme y llevarme al infierno, tomase medio tan contrario como era quitarme los vicios y poner virtudes y fortaleza».

Cuando compré el libro en Londres en verano, no lo hice pensando que ella era como yo. O más bien al revés. Lo leo en septiembre de 2009, en mi cuarto viaje a Úbeda. He alquilado el apartamento una vez más. Vuelvo a estar en la cama después de unos días trabajando en Málaga y en Granada, y me he regalado unas pequeñas vacaciones para encontrar la calma que me permita seguir con mis investigaciones.

Nunca había leído las obras de Teresa de Ávila. Fue ella quien acogió a Juan de la Cruz, el monje que murió en Úbeda justo detrás de la casa donde me alojo. Juntos crearon una nueva rama de la orden carmelita. Además de fundar una serie de conventos, escribió varios libros que la han situado entre los grandes autores de la mística cristiana. *Las moradas* y *Camino de perfección* tratan –al igual que la autobiografía que estoy leyendo en su traducción inglesa– de cómo se puede alcanzar la unión con Dios a través de la oración y la meditación. Lo más fatigoso es el camino interior. No es posible llegar mediante la donación de dinero a las iglesias, ni librando batallas ni recibiendo la dignidad de obispo. En pocas palabras, lo importante es la relación del individuo con Dios, y el individuo solo puede alcanzar la unión con Dios tomando a Jesús como modelo. Viviendo como él.

La idea puede dar pie a una larga serie de reflexiones teológicas, pero no es eso lo que me llama la atención en estos momentos. Lo que me atrae es reconocerme en otro ser humano. Soy como ella.

Si recurro a mi intelecto, solo puedo burlarme de mí misma, pero a mi cuerpo le resulta indiferente mi cabeza. En cuanto empiezo a leer los recuerdos de Teresa, se echa a temblar. Como si tuviera frío. Se me pone la carne de gallina como la última vez, cuando en esta misma habitación leí *El proceso de Cristo,* y, aunque al otro lado de los postigos echados –para que no entre el sol– el día es caluroso, no me queda más remedio que taparme con una manta.

Es septiembre, y aquí, en el sur de España, hace tanto calor como la última vez que vine. Todo vuelve a ser igual. La casa tiene cuatro siglos, lo sé, y las vigas del techo han quedado casi negras con el paso de los años; las palabras de Teresa son aún más antiguas, pero resultan tan frescas como mi propia experiencia en la sacristía. Mientras estoy ahí tumbada, años y días quedan reducidos a conceptos abstractos. La fecha y la hora normalmente son lo que nos permite gobernar nuestra vida, y sin calendario todo queda reducido a pedazos y estrés. Sin embargo, en estos momentos mi experiencia de la atemporalidad es muy intensa y muy física. Saber que la visión y las reacciones de mi cuerpo están vinculadas a algo que existe desde hace siglos me proporciona de pronto la certeza, no solo la sensación, de que vivimos en un todo atemporal.

El poeta y premio Nobel T. S. Eliot (1888-1965), estadounidense nacionalizado después británico, habla en el poema «The Dry Salvages», de su último poemario, *Cuatro cuartetos,* de lo que en varias de sus obras llama el punto de intersección de lo atemporal con el tiempo. Eliot considera que esta intersección se produce en el momento exacto de la resurrección de Jesús.

> Aquí la unión imposible
> de esferas de existencia es real.
> Aquí pasado y futuro
> son conquistados y reconciliados.

Así describe el que, a mi parecer, es un estado completamente imposible, *la unión imposible* que yo sentí frente a Jesús en la sacristía. En aquel momento me encontraba a la vez en el pasado y en el presente, y por ello también en el futuro, porque el tiempo en el que estaba era futuro para él. Al menos si vemos el tiempo como se suele ver, como un decurso en progreso. Pero en mi encuentro, esa clase de tiempo fue *conquistado* e incluso *reconciliado*. Hablamos, estuvimos juntos, nos encontramos.

Antes la poesía de T. S. Eliot no figuraba entre mis lecturas. Sencillamente, no la entendía. Solo ahora que he vivido ese encuentro puedo leerla. ¿Tendría Eliot también el suyo? No lo sé, pero no quiero dejar de leer. Su manera de escribir es muy distinta a la de Teresa... y a la mía. Nuestras palabras no crean una imagen de la realidad tan cristalizada como cuando él escribe:

Y el fin y el principio estaban siempre allá
Antes del principio y después del fin.
Y todo es siempre ahora.

Eliot me hace sentir la misma seguridad que tuve al leer sobre la *kundalini*. Me da la seguridad de no estar perdida, de formar parte de algo de lo que otros también forman y han formado parte. Y lo hacemos al mismo tiempo. En todo momento.

Leer a Teresa resulta sencillo y no me exige ninguna preparación mental porque, igual que yo, ella a quien ve es a Jesús, y porque sus palabras y sus descripciones se parecen mucho a las mías. Es una suerte no haber leído su obra antes de que me ocurriera todo esto. No tengo ideas preconcebidas a propósito de visiones y energías que puedan interferir en mi propia experiencia. Puedo asumirla tal y como es. No tiene que adaptarse a ningún marco.

Tras casi un año de vivencias, sentimientos, percepciones y pensamientos discurriendo en paralelo a mi propia vida, ahora tengo espacio para las historias de los demás. ¿Habrá otras personas que hayan pasado por lo mismo que yo?

¿Qué hicieron? ¿Lo superaron? ¿Pueden llevar una vida normal? ¿Han perdido el juicio por culpa de esta vida escindida en dos? Busco y encuentro un sinfín de libros sobre fe y espiritualidad. Leo muchos de ellos. Reconozco los sentimientos, las ideas y las experiencias del sueco Jonas Gardell en *Acerca de Jesús,* aunque él, a diferencia de mí, creció rodeado de creyentes. Otros cuentan sus vivencias después de años de meditación o de una vida monástica como la de Teresa. No encuentro a nadie, ni de mi país ni de otro, que haya llegado hasta ellas como yo, desde un mundo completamente ajeno y en paños menores.

Todos acaban, además, ingresando en un monasterio o consagrándose de un modo u otro a lo que han vivido. Eso no es lo que yo quiero. Yo quiero vivir con ello, no solo en ello. Creo que tiene que haber muchos como yo que o no se han atrevido o no han podido reflejarlo por escrito. En algún sitio tienen que estar. Es una cuestión de lógica, no puedo ser tan única. Por una parte, porque me lo dice la razón; por otra, porque esa no fue la sensación que dejó en mí aquel encuentro.

Aún me veo muy ignorante, pero leer a Teresa ha hecho germinar en mí una sensación de pertenencia. No me creo especial ni tampoco una elegida, solo pienso que ya no estoy sola en esto. Leyendo a Teresa y a los demás me he acercado lentamente a las más grandes de todas las palabras. No he ido derecha a la Biblia, he ido dando rodeos por los evangelios como los cangrejos, pero cuando al final del libro de Gardell me topo con las palabras de Pablo a propósito de su encuentro con Jesús, no me queda más remedio que capitular y entregarme, aventurarme al interior del libro que está detrás de todos los demás, pero cuya envergadura hasta ahora me había desalentado.

De la mano de Gardell sí que me atrevo. Desde su punto de vista y del de muchos otros, Pablo es quien llega a ver a Jesús con mayor claridad. No entraré a valorarlo, esa no es mi misión; que se ocupen de ello los teólogos. Yo solo puedo sentir que lo que él vivió es tan terriblemente parecido a lo que viví yo que, cuando leo sus escritos, vuelve a hacer acto de presencia la atemporalidad.

Pablo es, según Lucas, quien más contribuyó al Nuevo Testamento. Se le llama el primer teólogo. Aunque no las escribió hasta pasados treinta años de la crucifixión, sus epístolas contienen las palabras más antiguas que hablan de Jesús. Pablo nació diez años después que él y sus caminos no se cruzaron antes de su muerte. Aun así, Pablo insiste en que ha habido un encuentro entre los dos, un encuentro decisivo para su conversión. Hasta ese momento él, que aún se llamaba Saulo, había perseguido a los cristianos, pero el encuentro, la aparición, lo convierte en uno de los primeros misioneros. En Roma muere por serlo.

Pablo se echa a los caminos, predica y escribe a casa contándolo; sin haber conocido a Cristo de la misma manera en que lo conocieron otros antes de la crucifixión. «Yo ni lo recibí ni lo aprendí de hombre alguno», escribe. Es decir, que lo encontró igual que lo encontré yo. Vuelvo a estremecerme.

Jamás, jamás en toda mi vida había visto a quienes aparecen en la Biblia como personas semejantes a mí. Ahora sí. En su primera carta desde Corinto, Pablo hace una descripción muy breve y para mí muy acertada de lo que ocurre cuando alguien encuentra a Jesús de esta otra manera: «Se siembra cuerpo animal, resucitará cuerpo espiritual».

Es difícil de entender, pero así es. Es un encuentro entre cuerpos que a la vez no son cuerpos tal como los conocemos en nuestra vida diaria, pero son cuerpos reales. Yo no extendí la mano, no traté de tocarlo, no sentí necesidad; me bastó con verlo aparecer frente a mí para saber que era real y comprender lo que quería. Él sembró algo en mi alma, un cuerpo, se sembró a sí mismo. Y de él surgió en mi interior una versión espiritual de mí misma.

Gardell continúa diciendo en su lenguaje actual: «En otras palabras, la experiencia que tiene Pablo de la resurrección *no* es carne y sangre, *no* es cuerpo físico, sino un cuerpo con espíritu. ¡Pero cuerpo al fin y al cabo!». Más adelante relata cómo Pablo, con su primer nombre, Saulo, de camino hacia Damasco es arrojado al suelo, se ve envuelto en una luz que desciende del cielo y oye una voz que dice: «Yo soy Jesús de Nazaret, a quien tú persigues».

Una luz lo envuelve. Lo mismo que me ocurrió a mí aquel día de diciembre detrás de mi casa. Y lo mismo que sucede en la canción de Michael Falch *Dit sande ansigt* [tu verdadero rostro]:

En el camino a Damasco, o sería en el de Møn,
estaba vacío por dentro y me traspasó una luz.
Tú, que me persigues, dime, dijo una voz de la nada,
¿por qué lo haces? Contesta. Después levántate y anda.

Cuando en una ocasión entrevisté a Michael Falch y le pregunté si había vivido algo así en carne propia, él entornó los ojos a modo de defensa y dijo: «Haces unas preguntas muy, muy directas...». Escribí el artículo respetando sus límites, para algo los conozco, pero sé quién lo saluda desde la nada.

No fue la única entrevista que le hice a esta estrella del *rock* que ha vivido una vida más intensa que la gran mayoría. Como escribí en su día, «ha hecho el recorrido completo desde ídolo adolescente con cazadora de cuero hasta literato meditabundo y romántico maduro. Ha cosechado éxitos y fracasos, pero siempre ha sabido abrirse un hueco en la conciencia danesa y nos ha permitido estar al tanto de su vida dentro de ciertos límites. Lo más interesante de él no es su peculiaridad, sino lo mucho que, en el fondo, se parece a todos nosotros. ¿Por qué si no tantísima gente iba a prestar tanta atención a esas palabras que trenza con las notas hasta convertirlas en música? Tal vez él sea capaz de cantar lo que nosotros no sabemos o no queremos decir. ¿Qué palabras tiene ahora que ya ha recorrido un buen trecho de su vida?».

«Creo que el ser humano se encuentra inmerso en una lucha constante entre el miedo y el amor. Cuanto más sale del miedo, más fuerzas le quedan para el amor; entendido en un sentido muy, muy amplio. Yo fluctúo constantemente entre el miedo y el amor, la apertura y la cerrazón, la huida y la permanencia», me dijo. Y citó a Pablo: «Porque no hago el bien que quiero, sino el mal que no quiero, eso hago».

Le recordé que la última vez que nos habíamos visto también habíamos acabado hablando de fe, y que ha incluido una oración suya en el libro de Henrik Wigh-Poulsen *Oraciones para la vida,* ha escrito canciones sobre Jesús y ha defendido sus convicciones mucho antes de que otros encontrasen el coraje para hacerlo. Después hablamos de otras cosas, entre ellas del libro que acababa de publicar, *Rutas de paso.*

—Ya no tengo que vencer ninguna resistencia, pero aún hay mucha gente que siente miedo, o timidez, si tú quieres. La única periodista que se atrevió a escribir sobre esa fe que ocupa por lo menos una tercera parte del libro fuiste tú.

En mis carreras por entre los árboles de Rold Skov, suelo ir escuchando su canción, por eso voy con Pablo y también con Michael, dos hombres que han pregonado sus encuentros al resto del mundo, mientras yo aún guardo silencio.

Cuando leo en el libro de Jonas Gardell por qué él cree que hay tan pocos relatos como el mío, se me hace muy difícil seguir callada. Según Gardell, a lo largo de la historia Jesús se ha mostrado ante muchos. El hecho de que muy pocos escritos recojan oficialmente esos encuentros se debe a que se ha dado más peso a la «autoridad en la primera Iglesia que a transmitir un recuerdo histórico». De manera que debe de haber otros como yo, por más que me cueste dar con ellos. Lo que ocurre es que no han tenido importancia o que quizá hayan tenido la importancia que no debían, por eso no se ha escrito sobre ellos; o ellos no se han atrevido a hacerlo, cosa harto comprensible. En 1674, sin ir más lejos, ajusticiaron a setenta y una brujas de una tacada en Estocolmo. Por aquel entonces no *se creía* en Dios, *se sabía* que existía. Las brujas simplemente creían a su manera. Es mucho peor tener visiones en los tiempos actuales, porque la mayoría ni siquiera sabe que Dios existe y lo considera una invención.

La mayor parte de las personas que –según los libros que leo– también se encontraron con él, nacieron o fueron puestos por sus contemporáneos en un contexto muy concreto. Algunos fueron discípulos de la época de Jesús, otros creyentes convencidos integrados en comunidades religiosas en las cuales trabajan con la fe y tienen un gran conocimiento de ella, puede que incluso misioneros, sacerdotes y monjas con un doble objetivo a la hora de compartir sus experiencias. Yo soy libre. No formo parte de ningún sistema. No tengo segundas intenciones, no pedí aquel encuentro. No me educaron para todo esto, carezco de la formación necesaria y tampoco he meditado hasta alcanzar un estado concreto.

Sin embargo, al parecer soy tan transparente que Jim Garlow, un reverendo estadounidense al que entrevisté por teléfono a propósito de los ángeles antes de Navidad, tras la entrevista quiso saber qué era lo que yo había *visto*. No *si* había visto, sino *qué*. Cuando le pregunté cómo podía saberlo, me contestó que había sido algo intuitivo o, más bien, como dijo él, «de Dios». Jim Garlow es autor de un libro sobre los ángeles, *El cielo y el más allá*. Supe de él por *The Financial Times* cuando de pronto empezaron a sucederse las publicaciones de libros sobre ángeles y el periódico más prestigioso del mundo dedicó toda una página al tema. El que yo crea o no en los ángeles es irrelevante. Lo interesante es que muchas personas sí creen en ellos y hay que abordar el asunto con seriedad y con honestidad. Por eso quise escribir un artículo extenso y le llamé por teléfono una tarde danesa, una mañana californiana.

—Es que vamos hacia el apocalipsis —me explicó Garlow—. Por eso los ángeles se reúnen.

Los británicos y sus periódicos, como *The Financial Times*, son algo reservados en su modo de expresarse, lo mismo que los daneses, de manera que leer a Garlow en un diario inglés y oír su voz en mi propio teléfono tenía un no sé qué de provocación, porque los estadounidenses hablan de su fe de una forma diferente, grandiosa y cotidiana al mismo tiempo. Al principio resultó un poco transgresor, pero cuando pude hablar más y deducir de sus preguntas que sabe lo que dice, me relajé y a la vez me sentí un poco avergonzada. Porque allí estaba yo, una periodista danesa, tan a gusto con un hombre del que políticamente no puedo estar más en contra, entre otras cosas porque defiende el uso de las armas y se opone a la ordenación de mujeres en la Iglesia.

Desde el otro lado del océano fue capaz de preguntarme qué era lo que yo había visto sin que en ningún momento llegásemos a tocar temas personales, al contrario, la entrevista se mantuvo desde su inicio dentro de lo estrictamente clínico, porque sabía que, si iba a escribir en el periódico sobre los ángeles, tenía que hacerlo sin despegar los pies del suelo, por así decirlo.

El hecho de que un hombre del que ideológicamente me separan tantas cosas pudiera *verme* fue un duro golpe para mi intelecto. Es un fundamentalista que está al frente de la Skyline Church de California, una Iglesia que ha luchado activamente contra el matrimonio homosexual aduciendo que es contrario a la Biblia.

Me horrorizaba sentir que tenía algo en común con alguien que estaba muy lejos de mí en todos los aspectos, pero que era capaz de leer en mí como en un libro abierto y encontrar mi punto débil: esa comunión que tanto estaba echando en falta. Mi razón, mi cultura, mi país, mi educación; todo ello me obliga, casi por reflejo, a cuestionar cualquier tipo de fundamentalismo. De hecho, me han enseñado a rechazar de plano los integrismos. Pero ahora ya no puedo.

Lo escuché como periodista. Me mantuve alerta y no perdí de vista mi sentido crítico, pero me atreví a mostrarme abierta y a hacerle preguntas como a cualquier otra fuente. «Este valor irá en beneficio de mis lectores», me dije. Dudaba mucho de que pudiese beneficiarme también a mí, que aquella tarde al teléfono estaba más asustada que otra cosa. Sin embargo, en algún punto de mi interior estaba mi propia fe. Me alegraba comprobar una vez más lo que sé —no lo que creo, lo que sé— que Jesús quiere de nosotros. Y como periodista convencida de que todas las personas tienen derecho a recibir un trato justo, también me alegraba poder dárselo a él.

No era la primera vez que hablaba con alguien que ve algo en mí que ni yo misma soy consciente de estar mostrando. Después de una entrevista, un pastor me preguntó qué experiencia pasada me hacía «encenderme» así al pasar frente al altar. Otro me dijo un día que tenía un aire «glorioso».

Y un par de años más tarde, después de una de mis cada vez más frecuentes visitas a Úbeda, conozco a una americana que me habla igual que Jim Garlow. Sin pelos en la lengua.

—Yo diría que tú has visto a Jesús —me suelta la turoperadora Anne Rose, a mi lado en el autocar de camino a otro congreso turístico en el Palacio de Ferias de Málaga.

—¿Qué has dicho?

—Se ve a la legua.

—¿Se ve?

—Sí, tienes luz.

Me recomienda que lea *El cielo es real,* de Todd Burpo, que en él cuenta cómo su hijo Colton, que entonces no tenía aún cuatro años, tras estar ingresado y salir de un coma, dice que ha visto a su padre y a su madre y que ha estado en el cielo, hablando con los ángeles y con Jesús. El libro ha vendido cerca de seis millones de ejemplares en Estados Unidos y encabezó la lista de más vendidos del *New York Times.* «Colton siempre está envuelto en una serenidad muy especial porque sabe lo que sabe. Así de simple», afirma Todd Burpo en una entrevista.

Me recuerda demasiado a lo que yo sé. Es como leer sobre mí misma. Sé que Jesús existe, y con él una dimensión de la cual no sabemos demasiado. Pero mi gen crítico nórdico se revuelve. El pequeño Colton procede de una familia cristiana, su padre está al frente de una comunidad metodista de Nebraska. ¿No estará Burpo evangelizando? ¿No habrá escrito el libro solo para ganar adeptos para su congregación y conseguir así más poder y más dinero? ¿Y si no es más que un cuento? Es lo primero que pienso. E inmediatamente después me digo: «¿Cómo me atrevo yo, precisamente yo, a dudar de su visión?».

Más adelante leí también *La prueba del cielo,* donde el neurocirujano estadounidense Eben Alexander relata su experiencia estando en coma profundo, cómo llegó a la esencia de todo y cómo ese conocimiento que atesora en su interior le ha envuelto en una luz que los demás perciben. Al igual que otras personas que han tenido experiencias cercanas a la muerte, lo que describe se parece mucho a la sensación que me acompañó durante todo mi encuentro. La única diferencia es que yo estaba despierta. Una diferencia fundamental.

Otra de mis lecturas fue la galardonadísima novela de la escritora danesa Anne Lise Marstrand-Jørgensen sobre la monja Hildegarda de Bingen, que nació en 1098 y fue la décima hija, débil y enfermiza, de una familia alemana cualquiera. Murió a los ochenta y un años tras haber sido abadesa del monasterio benedictino de Disibodenberg y haber fundado el de Rupertsberg, cerca de Bingen, y el de Eibingen, en la otra orilla del Rin. Contaba solo tres años cuando tuvo sus primeras visiones y apenas ocho cuando la pusieron en manos de una joven noble, Jutta, que la preparó para la vida monástica, que abrazó a la edad de diez años.

Con el tiempo, estrechó lazos de amistad con Volmar, un monje de su edad que fue su maestro y que iluminó y pasó a limpio sus escritos. Adquirió notables conocimientos en el arte de la medicina y también compuso música para el coro de las monjas. Poco a poco llegó a ser una importante figura de la política eclesiástica, y en 1141 obtuvo bula del papa para recoger por escrito sus visiones en el libro *Scivias*. Permaneció en su comunidad hasta su muerte.

El estilo de sus obras es el mismo que Anne Lise Marstrand-Jørgensen reproduce en su biografía novelada mil años más tarde. Un estilo sensual que convierte los encuentros con lo divino en algo físico y lleno de luz. Fue Volmar quien, siguiendo las indicaciones de Hildegard, pintó el cuadro de la postal que veo junto a mi ordenador cuando trabajo.

Representa a una mujer tocada en la frente por un rayo de luz amarilla que desciende del cielo.

«No se puede guardar luz para llevarla consigo al adentrarse en las tinieblas.»

Anne-Lise Marstrand-Jørgensen

Noche larga y oscura

El 14 de diciembre de 2009, a última hora del día, Andrea me manda un poema de Juan de la Cruz. Hoy, como todos los años, en el aniversario de la muerte del fraile se recuerdan sus últimas horas con música y poesía en el oratorio de su museo en Úbeda. La ciudad, el lugar que añoro. Estoy en el trabajo, el poema me llega por correo electrónico. No está traducido, y aunque mi español no es perfecto, sé lo bastante como para tener la certeza de que debo imprimirlo, ir a leerlo en las escaleras y encerrarme allí.

Apoyada en la barandilla amarillo chillón, casi no oigo el tecleteo de mis compañeros ni noto el suelo de linóleo azul gastado que tengo bajo los pies. Trabajo, hormigón, pantallas y oficinas compartidas son de repente conceptos que me resultan lejanos. En cuestión de segundos he viajado en el tiempo quinientos años atrás y tres mil kilómetros hacia el sur en el espacio, y me encuentro en mi banco de la sacristía, donde leo el poema tan despacio y tantas veces que al final no traduzco el español, lo comprendo. En especial, la tercera estrofa de «Llama de amor viva» se cuela de tapadillo por el punto en el que la piel que me envuelve y me protege se ha desgastado:

> ¡Oh lámparas de fuego,
> en cuyos resplandores
> las profundas cavernas del sentido,
> que estaba oscuro y ciego,
> con extraños primores
> calor y luz dan junto a su querido!

Es muy solemne y antes me resultaba incomprensible, pero ahora me llega directo al corazón sin que yo pueda hacer nada por evitarlo. Antes era un poema lleno de bellas palabras, ahora es una experiencia que comparto. Me encuentro en «las profundas cavernas del sentido» gran parte del tiempo. En lo más recóndito, donde todo está oscuro como boca de lobo. Sí, lo sabía por mis lecturas, esto tenía que llegar; el bajón.

El propio Juan de la Cruz escribió sobre *la noche oscura*. También estaba en la lista *kundalini*. Y, a pesar de todo, solo ahora, cuando releo el poema en las escaleras de mi trabajo, reconozco que es inevitable. No solo porque, dicho de un modo simple, únicamente se puede brillar si hay oscuridad, sino también porque cuando se sabe, como Juan y yo sabemos, que Jesús existe, hasta la propia oscuridad da «calor y luz».

Es una forma muy distinta de entender la tristeza, esa tristeza que ha ocupado una parte tan grande de mi vida. Siempre he fluctuado mucho entre sentimientos muy intensos, y los períodos tristes me han parecido invariablemente agotadores y destructivos. Algunas veces he requerido de terapia, conversaciones con seres queridos y con profesionales, y en dos ocasiones incluso de un suave tratamiento farmacológico. Mi abuelo también tenía su lado oscuro, y en su caso era aún más grave. Les ocurre a varios miembros de mi familia. No me avergüenza, pero sí me cansa. Tengo la sensación de que me va consumiendo y me impide ser todo lo vital y alegre que me gustaría ser.

Por eso mismo me asombra que Juan no solo diga que la oscuridad es buena para mostrar la luz, sino que también por sí misma da energía y seguridad, «calor y luz». Y no lo hace por escribir un poema bonito, es una idea que impregna todos sus textos, de los que he leído muchos. Pero, como ocurre con tantas otras cosas acerca de la fe que he ido leyendo en mis ratos libres durante estos últimos años, gran parte de ese conocimiento se me escapa hasta que puedo sentirlo en carne propia. Es tanto lo que ocurre en mi interior que no tengo memoria para todo una vez que el trabajo, la familia, las cosas que van pasando y el cuerpo han consumido la cuota que les correspondía.

A mediados de diciembre siento que es cierto. Siento mis conocimientos como certezas antes de ser capaz de explicarlos. Percibo que Jesús ha cambiado mi manera de ver la negrura. De un modo totalmente físico, pierdo el miedo y el temor a ese abismo que casi toda mi vida he bordeado en mis momentos más bajos. Un abismo muy, muy hondo, abrupto, pedregoso y agresivo que se abre a mi derecha y en el que, de no ser por mis constantes esfuerzos, me precipitaría. He sentido el frío glacial de ese abismo algunas veces, también tras la visión de febrero. Mes a mes va llenando más espacio.

Sin embargo, ya no estoy deprimida como antes. Ahora es distinto, hasta el miedo a caer se ha disipado, y la negrura, cuando viene, no se prolonga por mucho tiempo, pues la luz, el gozo y la dicha –y la sensación de amor que me dejó la visión– la ahuyentan, brutales, con su fulgor. A veces parece una ruda batalla en la que yo ni siquiera participo. Un poco absurdo, pero es como si fuese una mera espectadora hasta que de pronto la batalla pasa a ser física. El dolor, la náusea, la pena. Y las sonrisas, los temblores de júbilo, la alegría de existir.

Como cuando volví de España, extenuada, a finales de mayo. Aterricé entrada ya la noche. El frío era pegajoso, plomizo y gris. Había siete grados frente a los casi treinta de Úbeda. Pasé tres cuartos de hora a medianoche en la estación de Lindholm, esperando el tren y llorando como una loca. El banco de la marquesina estaba gélido y sucio; la pared de cristal, fría y húmeda, y la gabardina no me bastaba para entrar en calor. Por dentro yo era una enorme herida abierta. Lo único que quería era quedarme allí, junto a mi sacristía, seguir viviendo todo eso que allí me toca el alma. Sumergirme en ello, aprender más, saber más, ver más, ser vista, penetrar en la luz. Lo añoraba y lo echaba en falta; tenía razón mi marido al decir que deseo «estar lejos, muy lejos».

La oscuridad era un anhelo como el del enamorado, físico incluso, temblaba, pero aquello era más grande que enamorarse de un hombre; estaba enamorada de la vida y a la vez deseaba ardientemente que ese amor se viera correspondido en mi propia vida. En quienes estaban cerca de mí. Sin embargo, mi deseo de cercanía era tan sólido que solo Jesús podía resistirlo.

Solo el lugar en sí y quienes compartían conmigo esos recuerdos concretos estaban algo más próximos a la intimidad del encuentro y podían, por tanto, redimir parte de mi gozo. Los demás, amigos, familia, poco a poco se alejaban de mí. Los que sabían, pero, sobre todo, los que solo conocían mi silencio. Deseaba que los más cercanos accedieran a entrar y encontrarse conmigo en la mayor intimidad. Sabía que era pedir demasiado, pero el deseo me abrasaba. Me moría por compartir.

Venid.

Pero ¿cómo iban a saber ellos dónde estaba una intimidad que no habían compartido, que nunca habían vivido? La soledad era enorme y la añoranza terrible, recordaba y ponía en práctica todo lo aprendido, pero me dolía el alma, los recursos de mi mente no bastaban.

Aquella noche de mayo, esa sombra negra era el anhelo, no la depresión ni la pena, sino un anhelo que estaba presente hasta en las canciones pop más insustanciales. He cruzado el bosque en coche llorando al ritmo del pop y anegada en añoranza. De cuando en cuando he apartado con rudeza mis intensas experiencias para ver si eso lograba serenarme, y he atestado mi vida con quehaceres cotidianos que tenían como meta el bien común. Pinté la casa en verano, paredes blancas y suelos grises, y le di varias manos para retenerme en mi hogar a base de pinceladas. Intentaba tener ese matrimonio que se suponía que debería ser el nuestro después de tantos años juntos. Pero no salió demasiado bien, continuamos cada uno inmerso en su rutina.

Eso era lo que más dolía. Lo a menudo que encontraba vacío un espacio que debería haber sido nuestro.

Me sentía impotente, ni la oración ni el olvido me ayudaban a aplacar la inquietud y la añoranza. Tampoco servía de nada colaborar ni oponerse a ellas. Hiciera lo que hiciera, aquello no paraba.

He rezado, he seguido todos los consejos que me han dado hasta ahora. He estudiado, meditado, leído libros, muchos y muy despacio, practicado la *lectio divina* —la lectura divina— teniendo como guía el libro *Mente abierta, corazón abierto,* de Thomas Keating.

Keating es *the grand old man* de la nueva espiritualidad cristiana y el responsable del redescubrimiento de lo que se ha dado en llamar «oración centrante o contemplativa». Es el tipo de oración que cultiva Juan de la Cruz y también Teresa de Ávila. Se parece a la meditación, de la que Keating también comenzó a ocuparse cuando a mediados de la década de 1970 la gente se detenía en su monasterio de Estados Unidos para preguntar por dónde se iba a un centro budista no muy lejano, donde querían aprender a meditar. Aquello lo contrariaba, porque sabía que los primitivos cristianos practicaban un tipo de oración tan meditativa como la de Oriente, pero con Jesús como núcleo. Ayudado por otros monjes cistercienses, describió la antigua práctica y empezó a enseñarla.

Desde entonces, la oración contemplativa se ha extendido enormemente. También por Dinamarca. Hay grupos que se reúnen por su manera de orar y hay personas como yo que intentamos hacerlo a solas. La contemplación es un tipo de oración en la que el orante se involucra tanto que no reza con palabras ni con imágenes, simplemente está en la oración. No es meditación pura, no es desvanecerse en la nada, no es, como el propio Keating apunta al final del libro, «un ejercicio de relajamiento».

«La contemplación no implica darle la espalda al mundo. Al contrario», escribe Ole Skjerbæk Madsen en el prólogo a la edición danesa. Y continúa: «La unión de la oración con Dios añade una cuarta dimensión a la existencia que no estará presente mientras sigamos viviendo en nuestro mundo tridimensional».

Mi encuentro tuvo lugar en esa cuarta dimensión. En esa intersección de la atemporalidad con el tiempo de la que hablaba T. S. Eliot. Y ese sentimiento también puede asaltarme cuando rezo, cuando corro, cuando tiendo la colada, miro a mis hijos, riego una rosa o echo leche caliente en el café.

¡Ding! Y ya estoy ahí, en el todo.

¡Alehop! Y empiezo a estremecerme, como en la sacristía.

¡Bum! Y aterrizo en Israel hace dos mil años.

No resulta muy grandioso ni muy solemne ir por ahí riéndote sola mientras friegas el suelo o recoges las hojas muertas de la entrada, pero Keating explica que este proceso «trae consigo un cambio en tu manera de percibir y responder a la realidad». La consciencia se reestructura y eso nos hace capaces de «percibir, relatar y responder con una sensibilidad cada vez mayor a la Presencia divina, dentro, a través y más allá de todo lo creado».

Exacto. Las cosas más ínfimas adquieren el brillo divino y pueden arrastrarme a sonreír de manera totalmente incontrolada, casi estúpida, como una risita ahogada. Esto se puede desarrollar con la meditación, porque es una parte esencial del ser humano a la que todos podemos llegar «si dejamos de reflexionar sobre nosotros mismos» y hacemos lo que él llama «descansar en Dios».

Keating explica el propósito de entrar en contacto con lo que hay detrás del «falso yo». Sostiene que la alternancia de la oración contemplativa y la acción dará pie a actos que no busquen el propio bien, sino la voluntad de Dios, que redunda en el bien común.

Propone dos períodos de oración de entre veinte y treinta minutos, mañana y noche, para mantener «la reserva de silencio interior a un alto nivel», pues solo así se está abierto a Dios. Yo lo he hecho muchas mañanas y muchas noches. Sentarme en silencio. Decir el nombre de Jesús para mis adentros. Verlo frente a mí. Y estoy de acuerdo con Keating en que «en las primeras etapas de la oración contemplativa, la gran batalla es con los pensamientos».

«No sería realista tratar de no tener pensamientos», prosigue, y también concluye: «La única forma de juzgar esta oración es por los frutos a largo plazo: disfrutas de más paz, humildad y caridad en tu vida cotidiana». Ese fue precisamente el tesoro de sentimientos que sembró en mí aquella tarde en el banco de la sacristía. Yo no lo pedí, pero ahí está. Constantemente. «Esta Presencia divina nos rodea y nos penetra, como el aire que respiramos», dice Keating. «Sí, exactamente igual», pienso. Jesús, la presencia divina, está ahí siempre. Está en mí cada segundo que pasa. Es como tener una criatura recién nacida de la que estar pendiente a cada minuto.

Yo me muevo en un terreno muy distinto al de la gente para la que escribe Keating. Él se dirige a personas que desean adiestrarse para alcanzar ese estado con el que yo, como Alicia en el País de las Maravillas, en palabras de mi hijo, me he dado de bruces. He empezado por el final. Estoy en oración constante.

Estoy desfallecida, pienso este día de diciembre de balance trimestral en el norte de Jutlandia al mirar por la puerta de cristal que da a la galería del primer piso de la sala de prensa, que ya está casi desierta. Afuera ha oscurecido. Contemplo los muros de hormigón, los locales con las luces apagadas y el césped helado. Y suspiro.

Me infunde cierta esperanza pensar que es posible que ya haya recorrido un trecho del camino, porque mi cuerpo este otoño ha recuperado cierta normalidad. Han desaparecido los rayos amarillos que me salían de los dedos y el resto de los síntomas han remitido y ahora son mucho más débiles. Siguen ahí, a veces se presentan de manera intempestiva, pero cada vez más de tarde en tarde y no tan abrumadores como en primavera.

En cambio, las frustraciones espirituales, sociales e intelectuales van en aumento a medida que voy perdiendo el excedente de energía que tenía antes; además, el hecho de que todo siga sin que yo acabe de controlarlo acaba por desgastarme. Sin embargo, cuando recibo el poema algo encaja en su sitio. Porque Juan habla de la oscuridad como si fuese algo natural, algo que no es negativo y a lo que no hay que enfrentarse.

Hasta ahora mi oscuridad ha estado ligada a la impotencia. A que la vida me superaba. A que el mundo se me venía encima, como me decía mi madre de pequeña.

Los psicoanalistas han tomado la idea de «noche oscura» de Juan y la han usado como imagen de la depresión, algo a lo que Grethe Livbjerg se opone enérgicamente en su libro *Juan de la Cruz, guía espiritual de nuestro tiempo*. Sí, puede parecernos una depresión, argumenta, pero solo a primera vista, porque esta es una noche con un propósito, no una noche sin sentido. Esa es, precisamente, la cuestión, que la propia oscuridad tiene un sentido y no es solo como opuesto de la luz. No hay que ver la tristeza únicamente como un estado de ánimo cuyo fin es enseñarnos lo bueno que es estar alegre. La noche oscura también es algo en sí misma, y aceptándolo no solo afrontaremos mejor los malos tiempos y evitaremos venirnos abajo por completo, sino que podremos incluso sacar de ella mucho más que de los momentos luminosos.

La noche oscura es un lugar donde se piensa y se siente más despacio y quizá más hondamente y con otras proporciones que cuando se está envuelto en luz y en vida. Y no es que lo uno sea mejor que lo otro, ambas cosas son necesarias. Tampoco se es inevitablemente superficial en la alegría y profundo en la negrura. Se pueden ser ambas cosas en ambas partes. Solo aceptando el estado se puede extraer algo de él.

Me cautivan sus ideas. Sé que no puedo trasladar el conocimiento directamente a la acción, pero siento que Juan, en la interpretación de Livbjerg, ha dado con algo que puede enseñarme a vivir con la oscuridad en mí.

Tal vez porque Juan también es muy físico en su modo de vivir y de describir su fe. Se aproxima mucho a la forma en que yo he llegado a la mía. Otros han seguido otros derroteros, Kierkegaard y la reina, por ejemplo. Pero yo me he colado en el agujero con los brazos, con las piernas, con los ojos y con los oídos, con todo el cuerpo. Ese cuerpo del que también habla Juan y del que, de tanto en tanto, nos cuenta algo que ni nosotros mismos sabíamos.

Cuando me entristezco, mi cuerpo es el primero en percibirlo. La mía no es una tristeza pensada, sino sentida, y en este preciso instante sus palabras me tocan. Físicamente. Si es verdad que la oscuridad puede ser un refugio donde estar a salvo, entonces no es peligrosa, me digo, y de inmediato me asalta la duda, porque cuando me invade la tristeza sigue siendo tan física y tan opresiva que no estoy muy segura de poder vencerla.

Pero es que no hay que vencerla. No se trata de un combate entre dos ánimos. Yo soy ambos y tengo que vivir con ellos. Tal y como entiendo lo que ha escrito Livbjerg, tengo que vivir también con lo que no se ve cuando todo es natural, luminoso y agradable. Vivo cuando veo la luz, cuando yo misma la llevo, pero entonces solo veo lo que está iluminado. En la vida hay más que eso. También están la seguridad y el calor de la caverna. Aunque esté a oscuras.

Juan advierte que no todos son capaces de liberarse de la melancolía, no son todos los que llegan a la alborada, como él dice, donde de nuevo pueden obrar a la luz y recogerse a la noche, y así sucesivamente. Él describe una vida pendular, pero no febril, como la que yo vivo ahora. El suyo es un péndulo de vida sosegado, como lo es el sucederse del día y la noche.

Sentada en esta escalera, mientras mis compañeros, al otro lado del muro, escriben, charlan y se disponen a marcharse a casa, que ya son más de las cinco, mi cabeza empieza a despejarse muy lentamente. Reconozco que tengo que dejar de guardar distancias con la negrura. El abismo también soy yo.

Si me precipito en él, me precipito en mí misma. Si penetro en la oscuridad, penetro en mí, en la caverna, para continuar con la imagen de Juan de la Cruz.

Llevo una oscuridad continua en mi interior, una noche larga y oscura, y dudaré y me sentiré melancólica; pero así es como debe ser. Tan solo debo ceder y emplear la oscuridad para lo que la oscuridad debe ser empleada. Suena fácil y lógico, pero yo sé que es duro y despiadadamente exigente.

Es probable que tarde años en encontrar un ritmo más tranquilo para mi péndulo, ahora que me han lanzado con tanta fuerza hacia el lado de la dicha, pero mientras observo el poema impreso, de pronto me veo también a mí misma desde fuera.

De un modo completamente físico. Metafísico. Surreal. Me veo el corazón a través de la piel y dentro, en el lado derecho, hay una yo en miniatura que me saluda con un gesto. Amable y educadamente, me devuelvo el cabeceo, como una muñeca. Es como una obra de teatro. Estoy en el escenario y a la vez estoy sentada entre el público. Teatro del absurdo, pero está ocurriendo; justo aquí, en el pasillo. Apenas me roza la idea de que me he vuelto loca cuando me recorre una oleada de calma que me hace estremecer, como en la sacristía.

La visión del doble yo, un yo que me cuida y sale a mi encuentro, es tan brutal que rompo a llorar. Otra vez no, pienso, pero esta vez hasta las lágrimas son diferentes. Son lágrimas de alivio. Ya no estoy fuera de mí. Estoy dentro de mí con luz y oscuridad, las dos cosas. Y la luz que hay en mi interior, envolviéndome, no viene de ningún sitio y viene de todas partes. Estoy en mi caverna oscura bañada en la misma luz que pintan los pintores.

Como la danesa Anita Houvenaeghel, que vive en Himmerland, cerca de mí, y pinta retablos en los que se entrecruzan la luz del día y la luz celestial. La amarilla y la blanca, como me dice un día que voy al estudio que tiene en Troldemosen –la ciénaga de los troles–, como llama a su finca y a los terrenos que se extienden tras los barracones.

Como el inglés J. M. W. Turner (1775-1851), capaz de pintar una blancura en la que uno se pierde. Cuanto más envejece, más luminosos son sus cuadros. Cada vez que voy a Londres, paso por la sala número 34 de la National Gallery para ver *La estrella de la tarde*. A muchos les puede parecer poco más que un boceto, pero la luz de su cielo no viene de las estrellas ni de la luna, del sol ni del reflejo del mar. Viene de dentro.

«Yo soy el que tú amas y el que siempre amarás.»

Edith Södergran

El segundo encuentro

He vuelto. Por quinta vez en poco más de un año, he vuelto a Úbeda. En esta ocasión, el tiempo es frío y lluvioso como solo puede serlo en enero. No hay demasiada gente por la calle. Tampoco en la sacristía de la Sacra Capilla de El Salvador. En un momento dado estoy allí sentada completamente sola. En el interior, el ambiente es húmedo y algo más que fresco, y hay un fuerte olor a cal y a piedra vieja. Estoy temblando de frío, pero me fuerzo a permanecer quieta y me envuelvo bien en el abrigo mientras saludo con un cabeceo a una pareja joven que mira las estatuas y comenta con desgana que ya va siendo hora de volver a casa.

En el instante en que salen de la sacristía, llega él.

Aparece justo a mi izquierda.

Respiro muy lentamente, siento una dicha agradable que puede con la sorpresa y no me deja tiempo para asombrarme de estar viviendo otro encuentro. Estoy completamente inmóvil en el mismo banco de la primera vez, aunque lo han cambiado de sitio desde que lo vi en febrero. Él tampoco está donde entonces, ha avanzado por el camino, de modo que nos encontramos algo más adelante, en el recodo. Sigue llevando la túnica azul y a su derecha veo la misma pendiente que baja hacia el valle. Y también los mismos olivos y limoneros, pero la aldea y la colina, que antes quedaban tras él, a la izquierda, no están ya dentro de mi campo visual. Ni tampoco los discípulos.

La luz también es la misma de la otra vez. El cielo sigue azul; el sol, blanco; su sombra, negra.

Para él ha transcurrido el tiempo que se tarda en recorrer esos veinte metros con las interrupciones de rigor cuando hay que pararse a hablar con la gente que pasa. Habla con todos, me digo, y me conmueve y me pasma que haya querido que vuelva a verlo. Debe de estar muy atareado, aunque no lo parezca.

Para mí el tiempo se ha detenido, o más bien se ha dilatado, o, mejor, ha estallado. Sé que él lo sabe. Que sabe que puede estar en todos los tiempos. Ahora yo también lo sé.

Para él han pasado unos minutos, para mí han sido once meses, para la historia han transcurrido casi dos mil años. Este baile de épocas me da vértigo, pero él tiene los dos pies sólidamente plantados justo delante de mí, en la tierra de Israel, en las baldosas de España y en mi consciencia, y la presencia concreta de su cuerpo aniquila todo lo inconcebible. Por eso me parece lo más natural del mundo estar viendo la nuca de Jesús un crudo día de invierno de 2010 y sintiendo una alegría tan grande que no puede describirse con palabras que resulten verosímiles. La alegría es aún mayor que en el primer encuentro, mayor que cualquier otra alegría.

No me ve inmediatamente, está andando, pero cuando ya llevo un par de minutos tras él mirándolo, vuelve la cabeza hacia la izquierda y me sonríe de pronto al reconocerme. Se queda quieto, expectante. Yo le pregunto qué debo hacer.

—Confío en ti —me contesta.

Después se va.

Fuera, al sol, me repongo dando un paseo por la muralla y me siento en un banco a contemplar los olivares. La piedra del banco se ha quedado helada, tan helada como el viento, pero quiero estar en paz, no meterme en un bar y ver a otras personas sin haber repasado bien lo sucedido en la sacristía.

El nerviosismo me impide continuar sentada. Bajo por la Redonda de Miradores y contemplo una vez más los campos del valle, con sus hileras de olivos. Olivos como los que también crecían entonces en Israel. Componen un paisaje humano que se extiende por todo el valle. Un entramado.

Estoy mucho más afectada que hace ya casi un año, cuando vi a Jesús por primera vez. Sé que ahora es más importante aún, si es que eso es posible, para mi vida y mi modo de ver el mundo. No tengo la menor idea de cómo me cambiará esto, pero el mero hecho de saber que Jesús ha querido hablar contigo, no una, sino dos veces, bastaría para volver a cualquiera unególatra insufrible, mandarlo derechito a un monasterio o hundirlo en la miseria. Es posible que hasta ahora a veces creyera que podía relegar a

Jesús a un rincón de mi vida. Pero no. No puedo. Está conmigo todos los días, tal y como, según el Evangelio de Mateo, él mismo les dijo a los discípulos tras la resurrección.

He venido hasta Úbeda después de estar trabajando para un artículo en Cádiz con la pintora Anita Houvenaeghel, que tenía que ver el cuadro de la Santa Cena pintado por Francisco de Goya (1746-1828), en el que quiere inspirarse para hacer un retablo en Foulum, un pueblecito de Jutlandia.

En el cuadro, Jesús y los discípulos están echados, cenando; la comida está sobre un lienzo blanco; ellos, tapados con mantas; hace frío en la humilde estancia, tal vez un rincón de un mercado. Van vestidos como jornaleros de la época de Goya. Jesús casi se parece al que yo he visto, algo más ajado, pero tiene el mismo carisma. Está conversando, con la mano derecha alzada en afanosa argumentación; no adoctrina, es una charla entre iguales, no para convencer, sino para mostrar la alegría de ser escuchado y de estar todos juntos. No es un grupo con normas y prohibiciones, sino con consideraciones y dudas, aceptación y calidez; todo lo que aporta la verdadera amistad. El círculo no está cerrado, cualquiera puede llegar y tomar asiento. Goya habló con él, me dije, sin saber si era cierto. Pero el clima de la pintura era idéntico al que reinaba entre él y los discípulos en mi visión.

Tras los días en Cádiz, fuimos a Málaga, donde invité a Anita a acompañarme a los baños árabes. Nos masajearon con sal y aceite. Al acabar, me senté en el banco de mármol y me relajé. Entonces me asaltaron el llanto y los calambres, y la luz amarilla volvió a alcanzarme antes de que la percibiera.

Sin embargo, no reaccioné como en septiembre, cuando me entraron los temblores en la sacristía y hablé con Nono, y luego me sentía agotada y casi molesta con todo lo que me ocurría. Esta vez me mostré tranquila, abierta y receptiva. No opuse resistencia, me dejé llevar. No dije nada después y no había nadie conmigo que pudiera notar nada. Cuando llegué a Úbeda, estaba muy contenta.

Aunque la sorpresa no es menor que tras la primera visión, esta vez me siento más tranquila porque ahora sé lo que tanto anhelaba. Él me ha indicado lo que he de hacer y, pese a que no me ha trazado un itinerario exacto, ha puesto la responsabilidad donde él cree que debe estar.

«Confío en ti», dijo.

Soy responsable de gestionar ya no solo mi vida, sino también lo que él me ha dado. No podría hacer recaer esa responsabilidad de nuevo sobre él, aunque quisiera. He recibido la vida como regalo, pero es tarea mía administrarla bien. He recibido el encuentro como regalo y no puedo zafarme de esa responsabilidad buscando en un libro respuestas detalladas de cómo debo vivir, vestir, hablar, actuar o pensar.

Con sus tres palabras, «confío en ti», me está explicando por qué no podemos defender el fanatismo y el fundamentalismo en su nombre. Si no asumimos nuestra responsabilidad y buscamos respuestas que se adapten al lugar y al tiempo en que vivimos, no podremos administrar el don que es ser humanos. Nos detendremos, nos entregaremos a reglas y prejuicios estancados, en lugar de estar alerta y mantenernos abiertos. Abiertos a nosotros mismos y a nuestro prójimo.

Como me dijo en una ocasión la estadounidense Marilynne Robinson durante una entrevista: «Capacidad de creer tenemos todos. Se trata de voluntad. Y de valor, tal vez. ¿Me atrevo a reconocer que soy un ser pensante? Si lo hago, tendré que admitir a continuación que otros también lo son. Que también son humanos, para bien o para mal. Y no siempre es agradable. Así que si lo que buscas es una *feel good life,* lo más fácil es cerrarle las puertas a la fe».

Es una de las escritoras más reconocidas en Estados Unidos y en el resto del mundo occidental y autora de, entre otras, la novela *Gilead,* la historia del reverendo John Ames, que en su lecho de muerte le escribe una carta a su hijo. También es una mujer que participa muy activamente en el debate teológico y una oradora que –en un país donde muchas de las voces más derechistas se sirven de la Biblia para defender sus argumentos– insiste en que la fe no es monopolio de algunos y la Biblia no puede usarse a modo de reglamento fundamentalista.

A pesar de que, en su opinión, la fe no debe emplearse para buscar respuestas fáciles, «a su manera comprende» que muchos lo deseen. Cuando el mundo es tan complejo como hoy en día, sentir que se pertenece a un sitio, tener claro quiénes son los amigos y quiénes los enemigos, cuáles son las normas y contar con explicaciones inequívocas puede «ayudar a hacer las cosas algo más comprensibles y proporcionar una sensación de control en un mundo que puede llegar a parecernos caótico», me dijo. Y luego añadió: «Pero por muy agradable que pueda parecer a corto plazo, sería falsear y empobrecer la vida».

Marilynne Robinson cree que el papel de la fe es muy distinto y se muestra optimista. «Cada vez hay más personas (investigadores y muchos otros) que han llegado tan lejos como para ver algo que no saben qué es, pero que les infunde respeto hacia un mundo que es mucho más grande de cuanto podamos concebir», me explicó.

De manera que no, no debemos conformarnos con hablar de la vida encasillándola en un conocimiento factual que siempre tiene fecha de caducidad. Hemos «sabido» que la tierra era plana, la radiactividad inofensiva y que el autismo era culpa de las madres frías. Ahora sabemos que todo eso no es cierto. Tal vez debamos renunciar a nuestra fe ciega en el conocimiento simple y empezar a respetar la existencia de otros tipos de conocimiento que no podemos expresar con palabras.

A día de hoy ya sabemos que hay mucho que no sabemos, tal como me explicaron, por ejemplo, que ocurre en su propio campo los tres médicos con los que hablé de epilepsia y daños cerebrales. También sabemos que aprendemos y transmitimos conocimientos de maneras que aún nos son desconocidas. La transmisión del conocimiento es una de las cosas que hace único al ser humano. Muchos creen que por eso desplazamos a los neandertales, a pesar de que físicamente eran superiores a nosotros. Enseñamos de forma consciente a nuestros hijos lo que sabemos. Les mostramos cómo sostener la cuchara, a disparar con arco y flecha, a cruzar la calle, a leer el abecedario.

No siempre sabemos cómo enseñamos y mucho menos cómo aprendemos. Muchos teólogos y filósofos, y más concretamente pedagogos y psicólogos, han estudiado

–sobre todo en los últimos años– el proceso de aprendizaje del ser humano. Cómo nos desarrollamos, adquirimos conocimientos y aprendemos. Algunas personas son más sensitivas que otras, y hay quienes solo son capaces de entender el mundo una vez encasillado. Otros avanzan a tientas. Otros están más presentes, son más receptivos y más curiosos.

Lo sabemos, pero durante siglos hemos jerarquizado los conocimientos tan sólidamente, con los académicos a la cabeza, que se nos ha olvidado que más allá de lo que se aprende por la vía de la lógica hay otras formas de conocimiento que también son importantes.

El conocimiento es democrático, se podría decir, todos pueden adquirirlo. Pero el conocimiento también puede adquirirse de muchos modos. Y tiene todas las formas. También es democrático que no solo se les conceda a quienes sean capaces de formularlo, ya sea con cifras o con letras.

En nuestros tiempos, el conocimiento científicamente demostrable y lógico es el mejor. Nos hace sentir seguros, es bien conocido y claro, cabe en una hoja de cálculo, es funcional y está libre de cambios repentinos y efusiones sentimentales, ya sean privadas o sociales. Ese tipo de conocimiento es bueno, pero siempre mirará hacia atrás. Solo es posible demostrar algo que ya ha sucedido y que ya se comprende. Quien se conforme con actuar de acuerdo con esa clase de experiencias únicamente podrá transitar por caminos conocidos. Todo lo desconocido hay que buscarlo de manera muy distinta. Podríamos seguir apoyándonos en las lógicas existentes que nos han traído hasta aquí y, por esa vía, construir un modelo capaz de mirar hacia adelante. Tal vez.

Sin embargo, no es sencillo demostrar que sea un método válido. El ser humano se ve sorprendido una y otra vez por su propia ignorancia. Quizá porque hemos olvidado a Tomás de Aquino, el filósofo dominico que nació alrededor de 1225 y murió en 1274. Es uno de los teólogos más recurrentes dentro de la Iglesia católica, pero casi un desconocido en el norte de Europa. Él considera que hay dos tipos de conocimiento: uno que se puede adquirir a través del intelecto y otro al que se llega a través del amor y la unión con Dios.

El primer tipo de conocimiento puede llevarnos muy lejos en todos los aspectos, incluido el religioso, y ahí es donde residen las virtudes aristotélicas, a las que Tomás de Aquino dotó de un nuevo peso en el debate social de su tiempo. Para él, las virtudes que se pueden aprender por vía del intelecto son aquellas llamadas cardinales: prudencia, justicia, fortaleza y templanza.

Sin embargo, las siguientes tres virtudes, *fe, esperanza y caridad,* no se pueden alcanzar a través de lo que denominamos conocimiento, ese conocimiento al cual, según la definición tomista, se ha llegado por vía de la razón. Para llegar a ellas es necesario poner en funcionamiento otro método de adquisición de conocimientos. Hace falta entrega, receptividad y —según él— la ayuda de Dios. Solo cuando él nos ha visto y nos atrevemos a reconocerlo, alcanzamos esa dicha a la que Tomás de Aquino cree que todos tenemos acceso.

Él es quien formula y reconoce con mayor precisión intelectual que mis nuevos conocimientos tienen el mismo valor que los que se adquieren en los libros. Según su definición, que yo haya visto a Jesús es un conocimiento tan válido de su existencia como un texto histórico. Sus palabras son el germen de un valor que algún día me permitirá contarles a más personas lo que me ha sucedido. Tomás de Aquino me cubre las espaldas académicamente, algo que con mi historial es casi una necesidad si quiero llevar lo que ahora sé a la vida de todos los días.

¿Será buena idea?, me pregunto.

«Confío en ti», dijo.

«El Dios que viví en mi
viaje es todo amor.»

Eben Alexander, neurocirujano

No hay camino

Han pasado algo más de cuatro años desde mi primer encuentro con Jesús.

La fe ahora es casi una moda. Los famosos dicen que creen y conceden entrevistas para hablar sobre el tema en programas matinales, periódicos y revistas. También lo admiten perfectos desconocidos que se adentran en el mundo de las creencias. Las romerías son tendencia. Las antiguas rutas de peregrinación están plagadas de caminantes y todo se ha llenado de letreros que, desde Santiago de Compostela y Roma, atraviesan Dinamarca para llegar hasta Trondheim; se llamaba Nidaros cuando en 1030 enterraron allí al rey Olaf el Santo. Aunque algunos solo van para caminar, ver y vivir la aventura, es posible que acaben en el mismo punto o en un punto parecido a la fe, como demuestran los cada vez más numerosos testimonios que se publican.

Es posible que, teológicamente hablando, el movimiento peregrino no termine convirtiéndose en una Iglesia dentro de la Iglesia, pero desde un punto de vista cultural y sociológico es un grupo homogeneizador. Yo misma pude comprobar en un encuentro en la ciudad de Aarhus que mis tacones y mi vestido hacen que diste mucho de ser la típica peregrina. También convino en ello Martin Lind, que encarna mejor que nadie la nueva ola nórdica del peregrinaje. Obispo emérito de Linköping, en Suecia, Lind es un respetado crítico de la ortodoxia y un organizador activo de peregrinaciones desde antes de que se popularizasen. Lo entrevisté porque había escrito un librito incisivo y mordaz sobre las virtudes del caminar. *Sal, pan y vino*, se titula. En él cuenta, por ejemplo, que muchos ven el camino como una competición. Cuantos más kilómetros, más santos. Habla tanto de «la tentación de ser más espirituales que el propio Dios» que me sorprendió.

–Espera a tenerlos delante y verás –dijo con una risita.

Yo sé que, a pesar de todo, les tiene aprecio, pero razón no le faltaba, desde luego. Durante la cena del encuentro, la gente se repartió por las mesas en función de los kilómetros recorridos. Descorazonador, pero yo misma he vivido la envidia en carne propia cuando en círculos creyentes he hablado de mi experiencia, de ese encuentro al que he llegado sin necesidad de gastar las botas, ni en sentido literal ni en el espiritual.

Por eso entiendo que Lind crea necesario subrayar lo siguiente en la entrevista: «Ser creyente no es subir una escalera. La vida tampoco es eso. Es un proceso lento donde no siempre mejora todo de un día para otro. No hay ninguna receta». Sin embargo, Martin Lind cree que al menos hay que *intentar* caminar, porque ya el hecho en sí mismo nos saca de nuestros hábitos.

«Pretendemos controlar y efectivizar nuestra propia evolución y nuestra fe», asegura, pero al peregrinar renunciamos al control, tanto si nos gusta como si no, porque «es algo concreto que hacemos con el cuerpo».

«También hay muchos que echan a andar sin ser creyentes y acaban llegando a serlo por el camino. No es ningún secreto», añadió Lind entre risas mientras tomábamos café con bollos esa mañana en Aarhus. Él no sabía y no sabe que yo no soy de las que andan, y por eso tampoco estaba al tanto de mis experiencias ni sabía que todo había comenzado en la ciudad donde se escribió el más célebre poema dedicado al caminar.

Baeza, a donde he vuelto en mayo de 2013 en uno de mis muchos viajes por esta tierra. Antonio Machado es el autor de ese poema que tan bien supo captar cómo entrelaza el caminante un paso detrás de otro y reconoce a la vez que, como hombre, jamás llegará a su meta:

No hay camino. Se hace camino al andar.

Antonio Machado enseñó en la fría aula que hay arriba, a la derecha, en el patio de un palacio de 1595 con arquería de columnas y una fuente en el centro. Hoy en día es uno de los edificios de la universidad abierta donde se imparten clases para adultos y cursos de verano, la Universidad Internacional de Andalucía. La Universidad de Baeza fue fundada en 1538 por el clérigo Rodrigo López, quien, sorprendentemente, obtuvo bula del papa Pablo III. Ambos estaban emparentados, puede que eso lo explique, pero también se debió a que la España católica deseaba hacerse fuerte en la frontera que la separaba del sur musulmán.

Hasta allí se trasladó Machado tras perder a su mujer y ahogó su pena en trabajo durante diez años. Era un renacentista que enseñaba todas las materias y supo aunar y poner frente a frente ciencia y literatura. Encajó bien en aquella universidad católica donde también enseñara en su día Juan de la Cruz. Siempre fue un lugar polémico que insistía, para exasperación de los poderosos, en la importancia de ser flexible y tener la mente abierta al debate y la discusión y, con ello, a todas las manifestaciones del saber. Un saber que debía llegar a todos. Allí, por ejemplo, se imprimieron los primeros libros de bolsillo, como me explicó el historiador Joaquín Montes Bardo en Úbeda.

El poema de Machado sobre los caminantes es uno de los más manidos y citados de la historia, junto con la frase del sombrerero loco de *Alicia en el País de las Maravillas,* de Lewis Carroll (1832-1896), que Cynthia Bourgeault cita en el libro que más veces he leído, *El camino de la sabiduría:*

Si no sabes a dónde quieres ir,
cualquier camino es bueno.

Se podría afirmar que vivir no es alcanzar la meta, sino recorrer el camino que conduce a ella. Para mí tiene sentido. El encuentro con Jesús no es la meta, sino algo que me impulsa a continuar mi camino. Como me dijo una vez mi amiga la expastora Liselotte Hornemann Kragh: «Tú eres una cruzadora de puentes».

Ser periodista es atravesar el puente llevando conocimientos y vivencias de unas personas a otras. Y creo que eso es lo que tengo que hacer con el encuentro, me digo ahora que vuelvo a estar en el sitio donde empezó todo, el suelo de terrazo gris de la iglesia de San Andrés de Baeza, donde aquella mujer bajita y regordeta apartó a los feligreses y estrechó mis manos con fuerza entre las suyas.

—Eres una elegida —me dijo.

Luego me preguntó:

—¿Cómo te llamas? ¿De dónde eres? ¿Qué haces?

Y, a continuación, añadió:

—Vas a tener que contar la historia más importante de tu vida, así que escúchame.

Por último me explicó que iba a llegar el fin del mundo y solo los que creyeran se salvarían.

La alusión al día del juicio no ha dominado mis años con Jesús. Sigo viviéndolo todo con alegría, aunque hay muchos que solo piensan en esa predicción de nuestro fin. Esa no es la parte de su historia que me transmitió en nuestro encuentro. La parte que he de contar es otra.

Al salir de la iglesia de San Andrés, caigo en la cuenta de que se llama igual que Andrea y lo telefoneo. Bromeamos en un intento de convertir esta coincidencia, demasiado evidente, en un juego y no dejarnos arrastrar por la tentación de creernos el centro de una narración construida. Y las risas van en aumento cuando le digo que acabo de darme cuenta de que mi apellido, Rørth, significa «conmovida», que es como me siento con todo lo que me está ocurriendo, pero también quiere decir «movida».

—Lo mismo me pasa a mí —dice él—. Haber sido testigo de lo que te ha sucedido me ha demostrado que la fe no tiene nada que ver con lo que quieren hacernos creer las Iglesias. Lo que has vivido y lo que te dijo Jesús, eso de que confía en ti, me demuestra que existe un nivel espiritual, o como quieras llamarlo.

Andrea ha empezado a gestionar la sinagoga, reconvertida en museo, y ha abierto un museo más sobre la historia de los judíos españoles en Granada.

Vistas desde fuera, su vida y la mía son las de siempre.

–Sí. Pero por dentro ya no somos los mismos –dice.

–No –digo yo.

He conseguido vivir lo que a principios del tercer milenio se considera una vida danesa normal y al mismo tiempo ir por ahí sabiendo que Jesús vive. No me he vuelto especial, rara ni abstraída, ni me he encerrado en mi propio círculo de santidad. Poco a poco he empezado a hablar más del encuentro, pero gran parte de mi entorno no sabe nada, no es probable que aprecien ningún cambio.

Según mi hijo pequeño, él no se lo plantea demasiado, pero me nota menos severa, «aunque puede que eso sea porque ya somos mayores», como dice refiriéndose a él y a dos hermanos.

El mediano opina que a veces estoy «un poco más distante», pero que «a cambio podemos hablar en serio sin que siempre sea de mí», añade. Cuántas conversaciones no habrá tenido conmigo y con su padre sobre cómo manejar su vida.

–Hablas más de cosas serias, de la vida, de los grandes pensamientos. Tienes más *gravitas* –asegura; su vocabulario es más amplio que el de sus hermanos.

Lo que le ocurre a su madre no ha supuesto ningún cambio para la fe de ninguno de ellos, ni siquiera para la del mayor, que después de aquel accidente en Noruega vivió algo similar.

–Pero es que tú y yo nos parecemos –dice–. Somos muy sensibles. Todo nos cala muy hondo, ¿verdad? Y además, no sabemos inventar.

Mi marido sigue casado conmigo. Conmigo, que no paro de moverme. De caminar. Menudo trabajito, me digo cuando pienso en su elección. Pero aquí sigue, convencido de que soy la misma con quien se casó.

–Algunos rasgos, eso sí, se te han acentuado; ahora eres más sensitiva. –Es su quedo resumen de muchas noches de charlas sobre nuestro deseo de seguir juntos, a pesar de la enorme distancia espiritual que nos separa.

Desde dentro, todo se ve diferente. Sé algo que antes ni siquiera sospechaba. Los principios en que se fundamenta mi existencia han cambiado de manera radical. Mi conocimiento de lo que es el ser humano, lo que es la estirpe, la historia, el recuerdo y el propio conocimiento, ahora se apoya en hechos que antes no obraban en mi poder. Hechos que, ante todo, me hacen sentir sumamente humilde y agradecida, tanto que es indescriptible. Qué increíble es que vivamos.

Desde un punto de vista más concreto, mi mundo no está en paz, sigue más o menos escindido en dos: el normal y el encuentro. Los dos niveles: el de la actividad y el de la intimidad.

Tengo los sentimientos a flor de piel, pero soy más fuerte que nunca. Me exijo a mí misma más atención que antes y también se la exijo a los demás, y ahora veo antes la falsedad de la gente y a veces con demasiada claridad. También me hiere de manera más profunda perder la fe en otros y que me acojan con desconfianza. Puede ser una carga, pero al mismo tiempo da fuerzas y muchas alegrías poder establecer estrecho contacto con alguien a la velocidad del rayo, porque así, estando abierta a otros y a mí misma, puedo hacer más, sentir más, encontrar el sentido que ha de tener cada minuto. También los que no son más que silencio. Hay que honrar a la vida, podríamos decir, hay que usar los talentos.

Algunas veces me remuerde la conciencia por no ser digna de su confianza. Me ejercito. Veo las dos orillas del río, en ocasiones también geográficas, Dinamarca y España. Otras veces estoy inquieta, paseo nerviosa de un lado a otro, rara vez me detengo a descansar en ese puente que tiendo.

A menudo crece en mí el deseo de ser especial, de dejarme engullir por el encuentro con Jesús, de convertirme en una experta en visiones, ya que hoy se exige a todo el mundo que sea experto, profesional del conocimiento o especialista centrado en su competencia básica. ¡Ah, quién pudiera estar en un convento en constante contemplación del milagro! Leer más, rezar más, cultivar lo que otros cultivan en su trabajo. Ser la esposa de Jesús y entregarse por completo.

Pero no puedo meterme a monja en un convento. Yo soy una cruzadora de puentes. Es cierto, eso es lo que sé hacer mejor, no puedo optar por un solo lado; eso muchos lo harán mejor que yo. Lo que yo sé hacer es transmitir, tender puentes. Y para que lo haga bien, es fundamental mi nueva comprensión concreta de ese deseo. Aumenta la tolerancia con los demás; me despoja del derecho a rechazar a alguien, por extraño que ese alguien pueda ser a ojos de los normales. Cuando una persona cualquiera puede vivir lo que he vivido yo, tiene que escuchar las historias y los testimonios de los demás de una manera objetiva y confiada, pero también alerta y crítica, para que el contenido de esos testimonios no se pierda en el gozo que provocan.

Yo no vivo en un convento, pero llevo a diario un crucifijo, voy con regularidad a la iglesia, rezo y leo todas las mañanas, hago retiros, estudio, me concentro. La oración recordatoria acabó después de un año y medio, pero de vez en cuando se presenta de repente y me colma, no como una voz, sino como un empellón en el hombro que me recuerda que debo sosegarme.

Tanto en mi vida privada como en la periodística me encuentro con que la gente enseguida me confía más asuntos personales que antes, ya sea en conversaciones con amigos y conocidos o en mis entrevistas, semblanzas y biografías.

Hay quien dirá que no es labor de los medios de información invitar a la reflexión y la cercanía, pero sí es una parte esencial del deber de los medios dar voz a lo que la sociedad necesita debatir. Aquello de lo que los ciudadanos ya están hablando en la calle. Por eso debemos usar el poder de los medios para plantearnos la fe y la existencia, algo en lo que en nuestra época se piensa mucho más que antes y que hay que comunicar de un modo que invite a pensar. Estamos tratando de averiguar con qué reemplazar esa voracidad febril que hemos visto fracasar. Es importante que en todo momento escribamos de manera concreta sobre lo que ocurre, pero también va siendo hora de que nos atrevamos a decir que hay algo mucho más grande que lo que vemos aquí y ahora. Algo más grande que yo he tenido delante, pero que a veces estoy a punto de olvidar por culpa de la intensidad con la que vivo el día a día.

Cuando me ocurre, Jesús me recuerda nuestro encuentro. Con la oración recordatoria o con cualquier otra cosa, como aquel fin de semana de otoño que mi marido y yo pasamos en París. Él, que conoce bien la ciudad, mencionó que al lado del Café de Flore, en el Boulevard Saint Germaine, del que eran asiduos Jean-Paul Sartre y Simone de Beauvoir, había una pequeña iglesia abacial muy particular, Saint-Germain-des-Prés. Se trata de una iglesia austera ubicada en una abadía fundada antes del año 600 y que hasta la Reforma fue baluarte intelectual de la Iglesia católica francesa. Asolada por varios incendios, se reconstruyó hasta en tres ocasiones. La mayor parte del templo actual y la torre datan de 1163.

Entré por el lateral izquierdo, donde varias capillitas se arquean hacia el parque y las calles, cada una con su altar, su estatua, sus velas y sus reclinatorios. Estaba contenta, esa noche íbamos a salir, era estupendo estar de viaje los dos solos y, para colmo, en París. De pronto me desplomé entre sollozos y tuve que llevarme la mano al corazón; me dolía con un dolor abrasador que se extendía en forma de ele por el lado derecho. Latía como un condenado. Yo lloraba y miraba a mi alrededor completamente extraviada. ¿Qué me estaba ocurriendo? ¿De dónde venía aquello? Retrocedí unos pasos y dentro de una capilla me topé con un Jesús de tres metros que con el dedo se señalaba el lado derecho del corazón. Justo donde a mí me ardía.

Es exactamente lo mismo que describe Cynthia Bourgeault en *El Jesús de la sabiduría,* uno de cuyos capítulos lleva por título «El reino de los cielos está en ti». Hay que ver el mundo con sus ojos, por eso tiene que estar dentro de nosotros.

Más adelante, explica que la conciencia de que no hay separación entre Dios y los hombres, por un lado, y la conciencia de que tampoco la hay entre unos hombres y otros son, para ella, las dos verdades más significativas que encierran las enseñanzas de Jesús. Para muchos puede parecer blasfemo hablar así, pero no se puede ignorar lo que yo he vivido. Y repito: si yo puedo vivirlo, todo el mundo puede.

Durante un retiro pascual de tres días dirigido por la pastora Lene Højholt, un icono de Jesús presidió la sala. Estuvo en el mismo sitio todos los días. El último me brotó un rayo del corazón y fue directo al icono, donde compuso un rostro, como cuando se pone una película con un proyector. Simple y llanamente.

Dentro de mí hay algo que también está presente en otros lugares. De eso trata todo esto.

Uno puede ejercitarse y llegar muy lejos con la meditación, e incluso tener visiones, pero el hecho de que esas visiones también puedan caerme del cielo a mí demuestra que no tiene ningún sentido que ahora todos nos encerremos en un convento a rezar a todas horas. Es necesario que algunos vayamos por ahí y sigamos con nuestras vidas, cuidemos de nuestros hijos, hagamos nuestro trabajo y, como parte de esa vida, seamos receptivos y recemos bajo el tendedero o donde cada uno buenamente pueda. No podemos preguntarnos a cada paso qué habría hecho Jesús en nuestra situación, pero sí podemos practicar para verlo casi todo con ojos más amables e indulgentes.

No siempre se consigue, ni mucho menos, pero ser imperfectos no es disculpa para no intentar ser mejores. En cualquier ocasión. No darse por satisfecho es un buen motor para dar siempre el máximo de uno mismo, pero también requiere una gran indulgencia, porque jamás se alcanzará ninguna meta.

Todos podemos llevar a Dios dentro de nosotros, todos lo llevamos. Si yo puedo, los demás también. Porque no, el reino de Dios no es un cielo al que llegaremos una vez que hayamos muerto. El reino de Dios es una forma de estar en la vida que hace que sepamos que Dios vive en todos nosotros y eso hace que todos compartamos dos cosas: el llevarlo dentro y a la vez ser humanos.

Aquí no hay meta ni recetas que seguir. Tampoco existen recetas para mantener y desarrollar nuestra vida espiritual. Lo que me ha pasado a mí es una muestra de que son muchos los caminos que conducen a la cima del monte Carmelo, como dijo Juan de la Cruz. Otros recurren a libros. Algunos meditan. Un libro de autoayuda con consejos de oración y tareas no puede obligarlo a entrar. Al contrario, negarse a creer en soluciones universales y ser humilde es lo que puede abrirle la puerta. Echarla abajo con la energía que empleó el de ojos verdes, azules y grises aquel día de febrero en la sacristía no era parte de una formación, ni tampoco de un proceso meditativo o una conversión, y mucho menos de una estrategia de mejora vital, autorrealización o un impulso de hacer algo por el bien de la humanidad.

Ocurrió sin más.

Nos vimos.

Estábamos allí los dos. Como se me confirmó una noche en que, pertrechada de café y dulces de merengue, me senté a ver *La última tentación de Cristo,* realizada por Martin Scorsese en 1988, con Willem Dafoe en el papel de un Jesús en sus últimos días, cuando, ya en la cruz, se enfrenta a una última tentación. La película en sí no tergiversa nada, no es desleal, no se burla, no es brutal ni untuosa. Se deja ver como una película de viernes cualquiera, y así la vimos. Hasta que me levanté del sofá como un resorte y lancé por los aires la labor de punto que tenía en el regazo y que acabó sobre el gato, que huyó corriendo, asustado y ofendido, a esconderse en la habitación de al lado.

—Pero ¡si no es así!

Mi marido y mi hijo se echaron a reír mucho antes de que yo alcanzara a darme cuenta de lo que había ocurrido.

—Lo digo en serio. Los colores no tienen nada que ver, las casas son demasiado rojas y la tierra demasiado gris —les expliqué, incapaz de refrenar todos aquellos disparates.

Porque yo no había estado nunca en Israel y mis conocimientos en la materia no venían de las fotos y las películas que todos hemos visto. Me salían en tropel del corazón.

En otro momento de la película, Jesús contrae matrimonio con María Magdalena, parte de la tentación, y el enlace se celebra en un valle con limoneros.

Esta vez no me levanté, simplemente asentí.

—Eso está mucho mejor.

«La mayor parte de la religión organizada, sin pretenderlo, en realidad nos ha desanimado a seguir la vía mística al enseñarnos casi exclusivamente a confiar en autoridades externas, las Escrituras, la tradición o distintos tipos de expertos [...], en lugar de hablarnos del valor y la importancia de la experiencia interior.»

Reverendo Richard Rohr

En el lago de Genesaret

No he tenido valor hasta esta primavera de 2014, más de cinco años después de que comenzara todo, pero ahora mismo estoy en el aeropuerto de Viena, de camino a su tierra por primera vez en mi vida.

He guardado las distancias con este viaje hasta ahora para no crearme falsas expectativas. Por eso no voy «con los deberes hechos» ni pienso hacerlos ahora, y me dedico a ver bolsas de viaje de colores vivos en la tienda de Longchamp. La mía de color frambuesa está ya muy raída, pero en vista de lo mucho que me cuesta decidir si la amarilla es más bonita que la turquesa, lo que termino comprando es un café.

Cambiar de sitio me aturde. Me hace sentir insegura, asustada. Contenta no. Llamo a casa, a mi marido. Hablamos de lo insensato que es por mi parte pretender que nuestro matrimonio pueda con todo. Recuerdo mi conversación de ayer con Liselotte Horneman Kragh en la plaza del Ayuntamiento de Copenhague a propósito del mismo tema. Me llegó al alma su interpretación del primer mandamiento: «No tendrás dioses ajenos». No se trata de que debamos pensar solo en Dios y vivir con la cabeza siempre entre las nubes. Al contrario, lo que debemos hacer es no buscar lo divino en nadie más que en Dios.

—No puedes convertir a nadie en un ídolo, ni siquiera a tu marido —me explicó Liselotte mientras charlábamos entre turistas que no paraban de hacer fotos, palomas perezosas y las ensordecedoras obras del metro.

No puedo ver cumplido mi más antiguo deseo, que otra persona me comprenda por entero, y eso me hace sentir presa de esa soledad de la que hablaba con el capellán de la sacristía de Úbeda hace una eternidad. Siempre he tenido ese anhelo, suspiré, de nuevo entre sollozos, mientras me sentaba en un bloque de hormigón en medio del hervidero de peatones que aguardaban para cruzar hacia Strøget. Porque ahora ya sé lo que es que te amen y te comprendan enteramente. Yo he tenido un encuentro con un hombre que me amaba de forma incondicional por el mero hecho de existir. Sé lo que es que te quieran más allá del tiempo, estar tan presente en el ahora que acaba por dilatarse y fundirse con el pasado y con el futuro.

Como tantas otras veces en estos años, Liselotte recurrió a experiencias inmortales de otras personas para mostrarme cómo han actuado otros mucho antes que yo y demostrarme una vez más que las grandes palabras acerca de la fe y de Dios también tienen un papel concreto en nuestra modesta vida de todos los días.

Me contó que Agustín de Hipona (354-430), considerado padre de la Iglesia occidental, refiere en varios escritos cómo el hombre carga con una pena de la que solo se redimirá al otro lado. Esa pena es fruto del anhelo tras el encuentro con Dios, un anhelo con el que hemos nacido todos los seres humanos porque sabemos que hay algo que nos es inconcebible. El encuentro con Dios y, por tanto, la liberación de la pena solo llegan con la muerte, pero yo he visto a Dios, lo he encontrado en su hijo, y he sentido la inmensa dicha que invade a quien está con él. No relaciono, sin embargo, ese encuentro con la muerte, aunque cuando Liselotte me lo explicó se hizo evidente que esa relación existe. La alegría que me colmó encaja con lo que cuentan quienes han vivido experiencias cercanas a la muerte.

—Pero ese anhelo... —suspiré de nuevo.

Por más que intento apagarlo con todo tipo de cercanía y entrega, incluida la erótica, el anhelo ya es mayor que la gratitud. Parece una cacería eterna.

—Sí —se limitó a decir ella.

Después seguimos hablando de aceptar el anhelo como un hecho y abandonarse a la dicha y al amor que destilaba el encuentro que he tenido la fortuna de vivir. Tiene razón, me dije, y me hizo bien ponerle un marco a mi añoranza para así poder visualizarla. Pero, en cambio, fue doloroso volver a escuchar lo que sabía de antemano, que jamás en esta vida volveré a alcanzar ese estado. Es posible acercarse, aunque ya solo eso requiere no solo amor por parte de dos, sino también sincronía, un deseo coincidente de cercanía en el mismo instante.

—No, te aseguro que no voy a seguir persiguiendo ese estado —proseguí.

Porque ya lo habíamos hablado las dos, hace varios años cuando comenzó todo esto. Después de mi primer encuentro con Jesús, Liselotte me envió una cita del budista Lin Chi: «Si te encuentras con Buda en tu camino, mátalo». No trataba de hacerme pensar en Buda, sino de evitar que me perdiera en mi amor por Jesús y no pensase en nada más que conseguir otro encuentro, como una drogadicta.

Lo logró, pero no del todo. Aún ansío una cercanía de la que otros solo pueden intuir algún destello, mientras Jesús salió con ella a mi encuentro. Pero otros no son dioses. Solo él. Así que me revolví un poco y le pregunté si abandonar la caza no equivalía a renunciar a la alegría, a renunciar a entregarse al inmenso regalo que es la vida. Ella, por supuesto, me contestó que no, porque podemos y debemos ser capaces de dar cabida a la pena y a la alegría.

Ese pequeño «y» se ha convertido en una palabra enorme dentro de mi vida. Tengo que dar lugar al encuentro y al día a día. Tengo que cruzar el puente en ambas direcciones. El puente entre el encuentro, que es mi aportación al mundo, y la vida cotidiana, donde, como todo el mundo, trabajo y me preocupo por los demás.

Puedo hacerlo.

Pero no antes de ir a Israel.

Hacia allí voy ahora. No en busca de Buda ni de Jesús, sino en busca de mi capacidad de concentración para así poder obligarme a abarcar ambas cosas. Y admitirlo. La rutina no se ha adueñado de mí, yo he dejado que lo haga y he apartado a Jesús a un lado de un empujoncito. O mejor dicho: he intentado apartarlo. Pero no lo he conseguido, porque el encuentro fue cuerpo y yo me encuentro con mi cuerpo todos los días. Se mueve todos los días, y ahora mismo se mueve hacia Israel. Estoy esperando el vuelo OS 857 a Tel Aviv. No estoy contenta, y no es solo por el cambio de escenario. Tampoco es porque espere volver a verlo ni porque dude de que fue allí donde lo encontré.

Tengo miedo de que al fin llegue el momento de enfrentarme a la verdad: que he descuidado lo que me ocurrió por no prestarle la atención que debía, por hacer que mi vida sea demasiado prosaica, por no hacerle honor a mi regalo. Estoy avergonzada, abochornada, no tengo sino reproches para mí misma, crueldad, aunque sé mejor que nadie que no se me dio el regalo esperando una contrapartida. Pero he recibido un obsequio que debo apreciar y no me considero digna de la tarea.

He optado por conservar mi vida cotidiana renunciando con ello a muchas de mis vivencias; por ahorrar espacio mental. Atrás han quedado la sanación, las auras y el proceso *kundalini,* a pesar de que me han operado ya dos veces de la espalda en el punto exacto por el que el flujo amarillo de energía desemboca al exterior. Dos quistes articulares comprimían todos los nervios y, si quisiera buscarles una explicación a mis dolores a través de la *kundalini,* diría que estaba bloqueando la salida de energía. Pero prefiero renunciar a esa explicación; confío más en la cirugía convencional, aunque suponga implantarme varias barras y tornillos para estabilizarme la espalda.

¿Soy una miedica? Durante cierto tiempo tengo mis dudas, pero al final llego a la conclusión de que, mecánicamente, le he despejado el camino al rayo amarillo y tal vez deba empezar a meditar ahora que los dolores han remitido un poco. Intento relacionar las dos maneras de ver el cuerpo: la de los *chakras* y la de las batas blancas. Y lo consigo.

El horror a volverme un bicho raro sigue siendo mayor que el anhelo, por eso mido el tiempo de mis encuentros con Jesús y me resisto a organizar mi vida en torno a algo que tira de mí con más fuerza que cualquier otra cosa. Sin embargo, poco a poco empiezo a comprender que lo único que puede sosegarme es tener siempre conmigo mi encuentro con Jesús. El encuentro y el anhelo que no pueden separarse de mí.

No sé si antes de morir habré logrado vivir con ello, pero una mañana, en Jerusalén, tras visitar el Santo Sepulcro, introducir la mano en el agujero donde estuvo la cruz, pasar veinte minutos completamente sola en el que para mí es el lugar más sagrado de toda la Tierra y después, en el bullicio, encontrar una tienda en el bazar donde reparar el cristal de mi iPhone mientras tomo un grumoso café árabe, de pronto una certeza se ilumina en mi interior.

Si el saber que encontramos en los libros fuera suficiente, habría llegado a este punto hace mucho tiempo, pero cuando se trata de ser humanos, la lógica y el pensamiento se quedan cortos. Entonces entran en juego el cuerpo y el alma, y ninguno de los dos se acomoda automáticamente a una serie planificada de lecturas. Cuerpo y alma no se dejan controlar por la razón, que tiende a considerarse todopoderosa, pero yo, desde el encuentro, sé que no lo es.

Y ahí estoy, con mi café, en un sitio donde hay espacio para que sea consciente de Jesús como lo soy a la vez que le cambian el cristal a mi teléfono. En esta ciudad, el cuerpo y el espíritu, la fe y el conocimiento, no son opuestos. Dejo Jerusalén entre lágrimas, porque aquí estaban la luz y la arena amarilla de los caminos que también vi en mi visión.

—Quiero quedarme —le digo entre sollozos a la guía del viaje, Lene Højholt, pastora de mis retiros, cuando nuestro autobús parte rumbo a Betania.

Al llegar me abismo en mí misma al visitar el lugar donde vivían Marta y María con su hermano Lázaro, a quien Jesús despertó de entre los muertos. Aquí vivió en los días previos a la crucifixión. Aquí, en estas mismas escaleras donde estoy sentada y me veo como una típica Marta que cocina y limpia, en vez de quedarse, como María, a escuchar a Jesús. «Sí —me digo—, así es como soy yo. *También*.»

Porque unos días después, en lo alto del monte Tabor —donde muchos creen que Jesús tuvo la visión en que se le aparecieron Moisés y Elías y oyó la voz de Dios—, lo que hasta ese momento había sido el lento fluir de lágrimas de cinco días de viaje se transforma en sollozos, porque allí, allí, el camino es claro y amarillo, pero la tierra es roja, como la de sus pies, y los limoneros se entremezclan con los olivos, bajo los que florecen las malas hierbas, y yo lo reconozco todo y en ese mismo instante tengo la certeza absoluta de que ya jamás en la vida podré negar todo esto.

—Aquí es donde lo vi. Fue por aquí. Mira —le digo a Lene. Porque todo encaja, el encuentro tuvo que tener lugar en uno de los valles que bajan hacia el lago de Genesaret. El cielo de la visión por detrás de él era luminoso, como el reflejo del agua, una luz que veo de nuevo cuando nos detenemos para almorzar en el Monte de las Bienaventuranzas, en la costa noroccidental del lago, con vistas a campos y laderas como aquellas desde las que él predicó.

Lo más probable es que mi encuentro con él tuviera lugar el segundo de los tres años que predicó por la zona antes de su muerte. Durante el primer año, estaba más expuesto y, desde luego, no tan sereno y seguro como cuando yo lo vi. Durante el tercero estaba ya muy apartado de esta parte de Israel, Galilea, y más cerca de Jerusalén en la época del año, primavera, en que nos encontramos. Estoy en Israel a finales de marzo. Algo antes que en la visión, a juzgar por la maleza y la hierba aún no agostada que crece en las cunetas.

Aunque el recorrido con Lene Højholt nos ha llevado por muchos de los lugares donde él estuvo, no he sido capaz de localizar la aldea. Ahora hay casas y carreteras por todas partes, se oye la guerra de Siria. El presente pretende saturarme los sentidos, pero yo llevo nuestro encuentro demasiado vivo dentro de mí. Cuando cruzamos el lago, me siento llena de esperanza, sé que soy pequeña e insignificante, pero también que si él se ha dignado a hablar conmigo puede conseguir que otros comprendan que el fin de nuestra existencia no es matar a otras personas.

Corro por donde él anduvo, nado en la misma agua sobre la que caminó, y aunque en lo alto del monte rompo a llorar y la mayor parte del tiempo se me escapa alguna lágrima, estar aquí es de una cotidianeidad maravillosa. Me encuentro más a gusto que en ningún otro momento de los últimos cinco años. No en un estado altisonante ni fuera de mí, solo de un buen humor tan ordinario que me reprocho a mí misma no estar más comprometida con este viaje, el viaje con y hacia el encuentro más importante de mi vida. Tan normal parece todo que, creyendo que el lagrimeo es cosa de la alergia, les pido a otros viajeros gotas para los ojos y antihistamínicos. Que no me hacen ningún efecto.

La penúltima noche, cuando estamos las dos solas en nuestras sillas blancas de plástico, en el jardín de la casa del *kibutz* donde nos alojamos a la orilla del lago, Lene Højholt se echa a reír. Y le cuesta parar, aunque me consta que tengo cara de no entender por qué le parezco tan graciosa. Tampoco ríe porque le haga gracia, es por cariño, porque me conoce y sabe que a veces hay que darme un empujoncito un poco más fuerte para que piense las cosas.

—Pero, Charlotte, ¿es que no te das cuenta de cuánto te conmueve estar aquí? —se carcajea.

No me avergüenza, aunque ya voy a cumplir cincuenta y dos años y debería conocerme un poco mejor a mí misma. Cuando clavo la vista en mis pies empapados sobre el césped mojado, que parece tan artificial como el riego que lo mantiene con vida, me parece absurdo lo mucho que he tardado en comprender lo que ocurre.

Solo ahora se me cae la venda de los ojos. Curioso, teniendo en cuenta que he venido hasta aquí por decisión propia y que llevo más de cinco años dándole vueltas al encuentro. Solo después de recorrer los sitios por los que él también ha caminado y camina físicamente y es tan cuerpo y tan persona como yo misma, e hijo de Dios, el encuentro se vuelve asequible para mí. Al fin comprendo que soy al mismo tiempo la que se ha encontrado con Jesús y mi yo diario. Ya lo había leído antes. Ay, sí. Cynthia Bourgeault, Juan de la Cruz y unos cuantos más lo han escrito, y Jesús lo dijo. Él está en el interior. Siempre. Pero yo no había acabado de entenderlo hasta este momento.

Ahora que estoy en Israel me doy cuenta de que ni siquiera es necesario que me divida entre España y Dinamarca. Ahí, con los pies entre esas hojas de hierba tan anchas, me arraigo en la certeza de que siempre, esté donde esté, llevaré conmigo el encuentro. El encuentro que no puede borrarse. El encuentro entre él y yo. Esta yo tan corriente.

–Que no se te olvide que es un misterio –dice Lene de pronto.

–¿Debo contárselo a otros? –pregunto.

–Sí.

A mi regreso a casa, con los ojos aún enrojecidos, me siento a escribir. Sobre el día en que vi a Jesús.

Bibliografía

Fuentes citadas (se indica en primer lugar la edición leída por la autora; cuando existe edición en castellano –o, en su defecto, en inglés– de las obras, se indica a continuación entre paréntesis):

Alexander, Eben. *Proof of Heaven*, Simon & Schuster, 2012 (*La prueba del cielo*, Planeta, Barcelona, 2013).

Bardo, Joaquín Montes. *La Sacra Capilla de El Salvador: Arte, mentalidad y culto*, El Olivo, Úbeda, 2002.

Baunsbak, Asger. *Bøn i mørket*, Alfa, 2011.

Bech, Charlotte. *Hormoner i balance*, Politikens Forlag, 2011.

Benner, David G.. *At åbne sig for Gud*, Boedal, 2011 (*Opening to God: Lectio Divina and Life as Prayer*, InterVarsity Press, 2003).

Bertelsen, Jes. *Kristusprocessen*, Borgen, 1992.

Bibelen (La Biblia).

Bilde, Per. *Den historiske Jesus*, Anis, 2009.

Bourgeault, Cynthia. *Wisdom Jesus,* Shambala Books, The Contemplative Society, www.contemplative.org

Burpo, Todd. *Heaven is for real,* Thomas Nelson, 2010; en danés: *Himlen findes virkelig,* ProRex Forlag, 2011 (*El cielo es real: la asombrosa historia de un niño de 4 años que visitó el cielo,* Planeta, Barcelona, 2012).

Entrevista con Todd Burpo, *Kristeligt Dagblad,* 2011.

Dalsgaard, Matias Møl. *Det protestantiske selv,* Aarhus Universitet, 2012.

Dickinson, Emily. *Complete Poems,* varias ediciones (*Poesías completas,* varias ediciones).

Eliot, T. S.. *Four Quartets,* varias ediciones; en danés: *Fire kvartetter,* traducción de Barry Lering Wilmont, edición privada (*Cuatro cuartetos,* varias ediciones).

Falch, Michael. *Trækruter,* Gyldendal, 2011.

Fatum, Lone, Hallbäck, Gert, Tang Nielsen, Jesper y otros autores. *Den hemmelige Jesus,* Alfa, 2008.

Fredriksson, Marianne. *Evas bog,* varias ediciones, entre otras la de Fremad, 1980.

Gardell, Jonas. *Om Jesus,* Alfa, 2011.

Garlow, Jim. *Heaven and the Afterlife,* Bethany House Publishers, 2009.

Guillou, Jan. *Heksens forsvarere,* Modtryk, 2004.

Hemenway, Priya. *The little book of Jesus,* Barnes & Noble Books, 2004.

Højholt, Lene. *At blive menneske,* Borgens Forlag, 2011. www.lenehojholt.dk

Jamison, Christopher. *At finde et helligt rum,* Boedal, 2010 (*El monasterio: la sabiduría monástica para la vida,* Palmyra, 2008).

Kalman Stefánsson, Jón. *Englenes sorg*, Batzer & Co, 2009 (*La tristeza de los ángeles*, Salamandra, 2016).

Khalsa, Gurmukh Kaur y otros autores. *Kundalini Rising: Exploring the Energy of Awakening*, Sounds True, 2009.

Keating, Thomas. *Open Mind Open Heart*, varias ediciones desde 1986, entre otras la de Continuum, 1994; en danés: *Åbent sind, åbent hjerte*, Boedal, 2010 (*Mente abierta, corazón abierto: la dimensión contemplativa del Evangelio*, Desclée de Brouwer, Bilbao, 2013).

Kornfield, Jack. *After the Ecstasy, the Laundry: How the Heart Grows Wise on the Spiritual Path*, Bantam, 2000 (*Después del éxtasis, la colada: cómo crece la sabiduría del corazón en la vía espiritual*, La Liebre de Marzo, Barcelona, 2001).

Livbjerg, Grethe. *Johannes af Korset – Åndelig vejleder for vor tid*, Katolsk Forlag, 2002.

Livbjerg, Grethe. *Og alt skal blive godt*, Boedal/Katolsk Forlag, 2009.

Machado, Antonio. *Campos de Castilla*, varias ediciones.

Marstrand-Jørgensen, Anne Lise. *Hildegard I y II*, Gyldendal, 2010.

Neruda, Pablo. *One Hundred Love Sonnets* (*I Crave Your Mouth, Love Sonnet XI*), varias ediciones, entre otras la de University of Texas Press, 1986 (*Cien sonetos de amor, Tengo hambre de tu boca, soneto de amor XI*, varias ediciones).

Proulx, Annie C.. *Close Range*, Scribner, 1999 (*En terreno vedado: historias de Wyoming*, Siglo XXI de España Editores, Madrid, 2000).

Pullman, Philip. *Det gode menneske Jesus og skurken Kristus*, Tiderne Skifter, 2010 (*El buen Jesús y Cristo el malvado*, Literatura Random House, Barcelona, 2011).

Rilke, Rainer Maria. *Book of Hours: Love Poems to God,* varias ediciones, entre otras la traducción de Anita Barrows y Joanna Macy, *Riverhead Trade,* 2005 (Libro de horas, varias ediciones).

Södergran, Edith. *Dikter,* Wahlström & Widstrand, 1916 (*Antología poética,* varias ediciones).

Teresa de Ávila. *The Book of My Life,* traducción de Mirabai Starr, Seeds Books, 2007 (*Libro de la vida,* varias ediciones).

Thelle, Notto R.. *Gåden Jesus,* Alfa, 2011.

Thelle, Notto R. *Budda og Kristus,* Alfa, 2007 (*Buddhism and Christianity in Japan: From Conflict to Dialogue, 1854-1899,* University of Hawaii Press, 1987).

Thomsen Højsgaard, Morten. *Den tredje reformation – fra statskristendom til google–buddhisme,* Kristeligt Dagblads Forlag, 2011.

U2. *The Unforgettable Fire.* Incluye «Pride – In the name of Love)», Islandia, 1984.

Medios digitales citados:

www.archbishopofcanterbury.org. Cita del arzobispo de Canterbury Rowan Williams en el sínodo de Roma del 12 de octubre de 2012.

www.cell.com. *The American Journal of Human Genetics,* 4 de diciembre de 2008.

www.celebrate–travel.com. Anne Rose.

www.jesusleiros.blogspot.dk.

www.kundalinisupport.org. Lawrence Edwards.

www.nature.com/news/2004/041018/full/news041018-6.html.

«Emotionally Mediated Synaesthesia», de Jamie Ward, en *Cognitive Neuropsychology,* 2004, 21(7), p. 761. www.onlinelibrary.wiley.com/doi/10.1002/14651858. CD002766/pdf.

«Therapeutic touch for healing acute wounds» *(Review),* O'Mathúna DP, Ashford RL.

Artículos de la autora citados (publicados en *NORDJYSKE Stiftstidende):*

Artículo en colaboración con Lone Fatum, Svend Aage Madsen, Karen Lisa Salamon y otros, 2008.
Entrevista a la reina Margarita de Dinamarca, 2008.
Entrevista a Arne Haugen Sørensen, 2009. www.arnehaugensorensen.com
Entrevista a Kirsten Klein, 2009. www.photomondo.dk
Entrevista a Michael Falch, 2010.
Reportaje en colaboración con Anita Houvenaeghel, 2010. www.houvenaeghel.dk
Entrevista a Marilynne Robinson, 2010.
Artículos en colaboración con Charlotte Bech, Michael Hviid Jacobsen y otros, 2011.

Nota de la traductora

El texto de Emily Dickinson que aparece en la introducción del capítulo «Cuando desciende la luz» es la versión traducida por Enrique Goicolea para Ediciones Amargord en 2012.

El texto de Jon Kalman Stefánsson que aparece en el capítulo «Es tiempo de hablar de fe» es la versión traducida por Elías Portela para Ediciones Salamandra en 2016.

Los texto de T.S. Eliot que aparecen en el capítulo «No estoy sola» son la versión traducida por Vicente Gaos para Barral Editores en 1971.

El texto de Rainer Maria Rilke que aparece en la introducción del capítulo «No estoy sola» es la versión traducida por José María Valverde para Ellago Ediciones en 2007.

Los textos de Thomas Keating que aparecen en el capítulo «Noche larga y oscura» son la versión publicada en www.bibliotecaespiritual.com.

El texto de Edith Södergran que aparece en la introducción del capítulo «El segundo encuentro» es la versión traducida por Francisco Úriz para Ediciones de la Torre en 1995.

Para la traducción de los pasajes bíblicos que aparecen en el libro se ha recurrido a la versión de Reina-Valera de 1960.

El resto de citas son versiones de la traductora.

Otros libros para inspirarse, para crecer, para reflexionar

Teresa de Jesús

Una mujer extraordinaria

Cathleen Medwick

En esta historia fascinante, la autora nos muestra una Santa Teresa más compleja y a la vez más cercana de cómo nos la han presentado hasta ahora.

Una canción inesperada

Un testimonio bello y enriquecedor

Leire Quintana

Leire Quintana decidió dejar atrás su vida en una gran ciudad, retirarse a un monasterio y aprender a escuchar su propia canción.

Meditaciones instantáneas

Ejercicios para situaciones cotidianas y de emergencia

Kerstin Leppert

Se trata de un libro ilustrado muy práctico y conciso, adecuado tanto para principiantes como para personas que ya tengan experiencia con la meditación. La profesora de yoga y meditación Kerstin Leppert presenta ejercicios breves para todo tipo de problemas y situaciones, de fácil realización y con explicaciones claras.

El fin es mi principio

Un padre, un hijo y el gran viaje de la vida

Tiziano Terzani

Cuando en marzo de 2004, Tiziano Terzani, debido a una enfermedad terminal, ve acercarse el final de su vida, decide reunirse con su hijo Folco para mantener con él unas valiosas conversaciones sobre la vida que ha llevado.